华为的团队精神

从优秀到卓越的中国式狼性团队精神

王伟立◎著

海天出版社
·深圳·

图书在版编目 (CIP) 数据

华为的团队精神 / 王伟立著. — 深圳 : 海天出版
社, 2013.10（2019.7重印）
（华为员工培训读本系列）
ISBN 978-7-5507-0739-9

Ⅰ.①华… Ⅱ.①王… Ⅲ.①通信—邮电企业—企业
管理—组织管理学—深圳市 Ⅳ.①F632.765.3

中国版本图书馆CIP数据核字(2013)第110562号

华 为 的 团 队 精 神
HUAWEI DE TUANDUI JINGSHEN

出 品 人　聂雄前
责任编辑　李新艳　张绪华
责任技编　陈洁霞
封面设计　元明·设计

出版发行　海天出版社
地　　址　深圳市彩田南路海天大厦　（518033）
网　　址　www.htph.com.cn
订购电话　0755-83460293(批发)　83460397(邮购)
设计制作　蒙丹广告0755-82027867
印　　刷　深圳市希望印务有限公司
开　　本　787mm×1092mm　1/16
印　　张　14.75
字　　数　180千
版　　次　2013年10月第1版
印　　次　2019年7月第4次
定　　价　39.00元

C 前言

狼是最具有战斗力和生命力的动物。狼拥有无比坚定的信念：团结、坚毅、镇定、永不放弃、孤傲、聪明、敏捷、韧性十足。"狼"集智慧、机灵、团结于一身，是极具拼搏力、顽强执著、不停为生存而奋斗的群体动物。

狼有着其他动物无法比拟的团队精神。狼很少单独出没，总是团队作战，所以才有"猛虎还怕群狼"之说。狼的团队精神使得狼群中的每一个成员都有着绝对的服从意识，无条件地执行头狼的每一道命令。它们团结互助，密切配合，一次次地打败对手，一次次地捕获猎物。

团队精神是一个企业同心协力、不断向上的原动力，它会让每位团队成员产生一种强烈的归属感。可以说，一个企业的团队精神越强，它的生命力就越旺盛，它的生存期也将越长久，士气高扬、充满活力。华为强调团体的协作和集体奋斗，锻造了一支具有"狼性"的无坚不摧的团队精神。

在华为内部，任正非对狼性精神第一次，也是唯一一次系统阐述，是20世纪90年代。

华为总裁任正非表示，跨国公司是大象，华为是老鼠。华为打不过大象，但是要有狼的精神，要有敏锐的嗅觉、强烈的竞争意识、团队合作和牺牲精神。

华为的"狼性"并不是天生的，而是在后来的生存与奋斗过程中逐渐积累形成的。任正非坚信马克思的一条真理：从来就没有什么救世主。当然也没有神仙皇帝。企业要富强，必须靠自己，靠发展一群战无不胜、攻无不克的"华为狼"。

华为的狼性精神孕育狼性人才。在任正非看来，企业就是要发展一群狼，因为，狼有三大特性：第一，敏锐的嗅觉；第二，奋不顾身、不屈不挠的进攻精神；第三，群体奋斗。

任正非带领着华为狼群团队，与市场中的豹子、狮子拼杀，将企业的狼性表现得淋漓尽致，屡建奇功。在业界，华为闻名遐迩，连华为的国际对手也不得不承认，华为人的进攻性的狼性精神是最可怕的，他们不惜代价地猛追猛打，以其独特的方式获取竞争优势。

华为团队具有的狼性精神，不仅体现在为人津津乐道的高度的危机感、敏锐的洞察力、激烈的进取心、高度的团队凝聚力等几个方面，而且还表现为心态积极、行为主动、勇于挑战、不畏困难、信念坚定、全力以赴等具体行为上。

华为自打造狼性团队精神以来实现了快速发展，更是引领了国内企业对狼性文化和狼道的热衷，越来越多的企业积极借鉴狼性文化打造自己的狼性团队。

《华为的团队精神》系统解读了华为狼性团队的核心精神，并为读者全方位展示华为如何打造狼性团队的模式和方法，值得每一个企业领导者和公司员工学习，尤其适合于企业团购，用于对内部员工和团队进行培训。

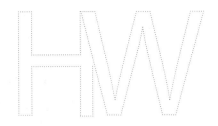

第一章

华为狼性团队

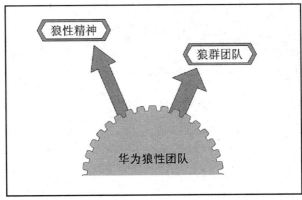

HUAWEI DE
TUANDUI JINGSHEN

第一节　狼性精神

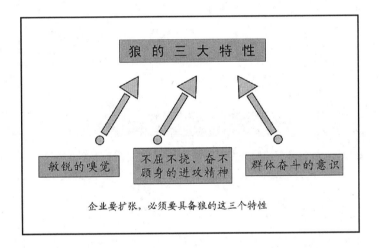

有人把通信制造业的几类企业比做草原上的三种动物：跨国公司就像狮子，跨国公司在中国的合资企业就像豹子，而地道的中国本土企业就像土狼。如果这个比喻贴切的话，那华为就是最杰出的土狼。

狼是一种让人畏惧、讨厌的动物，极少有人愿意与狼相提并论。同时，人对狼又是不公平的，总让狼扮演故事中不光彩的角色，人渐渐从心中排斥狼，而狼的优点却被抹杀了。然而，华为却自诩为狼。华为能够透过世人的眼光看到狼的闪光个性已不容易，还把这种个性炉火纯青地运用到企

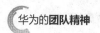

业的团队建设中，更让人佩服。

美国著名管理学者托马斯·彼得斯曾说"一个伟大的组织能够长期生存下来，最主要的条件并非结构、形式和管理技能，而是我们称之为信念的那种精神力量以及信念对组织全体成员所具有的感召力。""狼性"锻造了华为崇尚团体的协作和集体奋斗，无坚不摧的营销团队。

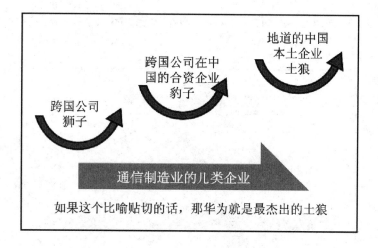

地道的中国
本土企业
土狼

跨国公司在中
国的合资企业
豹子

跨国公司
狮子

通信制造业的几类企业

如果这个比喻贴切的话，那华为就是最杰出的土狼

直到今天，华为团队尤其是华为的销售团队给人们的印象仍然是一群红了眼的"狼"。他们不仅极具攻击性，个个骁勇善战，目标一致，不达目的誓不罢休，而且往往以一个团队整体出击，纪律严明。这种特性成为华为品牌推广体系的强力支撑，使得华为能在短时间内站稳脚跟，并以令人吃惊的速度成长为中国通信行业的领袖企业。

任正非是军人出身，其带有浓厚军事色彩并且强调斗争性的个人色彩深深地影响着华为。他曾经对土狼时代的华为精神作了经典概括。他说："发展中的企业犹如一只狼。狼有三大特性，一是敏锐的嗅觉，二是不屈不挠、奋不顾身的进攻精神，三是群体奋斗的意识。企业要扩张，必须要具备狼的这三个特性。"

狼性精神一直存在于华为早期创业阶段，只是没有被提炼出来。在华为内部，任正非对狼性精神第一次，也是唯一一次系统阐述，是20世纪90年代初期任正非与美国某著名咨询公司女高管的一次会谈。

"那天整个会议是谈动物。任总说跨国公司是大象，华为是老鼠。华为打不过大象，但是要有狼的精神，要有敏锐的嗅觉、强烈的竞争意识、团队合作和牺牲精神。"《华为公司基本法》的起草者之一吴春波回忆说。

任正非在《华为基本法》第二条中提出了"企业就是要发展一批狼"的观点。事实上，这也是任正非对华为过去十年之所以能获得快速发展的一个总结，即重视人才，重用具有"狼"性的人才。

连华为的国际对手也不得不承认，华为人的进攻性的狼性精神是最可怕的，他们不惜代价地猛追猛打，以其独特的方式获取竞争优势。

这种可怕之处在于：华为销售团队为了争取客户，甚至于不惜一切代价。只要是客户喜欢的，华为的销售团队都会竭尽所能地满足他们。客户喜欢运动，马上安排最好的运动场所和专职教练；客户喜欢收藏，就是挖地三尺也要找到一些极具收藏价值的古董。

华为团队具有的"狼性"精神，不仅体现在为人津津乐道的高度的危机感、敏锐的洞察力、激烈的进取心、高度的团队凝聚力等几个方面，而且还表现为心态积极、行为主动、勇于挑战、不畏困难、信念坚定、全力以赴等具体行为上。

不论是在国内，还是在国外，华为市场团队流行了多年的"胜则举杯相庆，败则拼死相救"的口号，是对华为"狼性"精神的最好概括和总结。

第二节　狼群团队

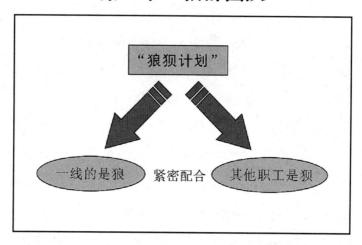

在 1997 年一个会议上，任正非特别称道"狼"和"狈"的攻击组合。在任正非讲完之后，华为市场部就提出一个"狼狈计划"——狼狈一片，一线的是狼，其他职工是狈，提供相应的资源，一线和二线紧密配合。如今，虽然那项计划已消散，但"狼性"却被作为华为精神延续下来。

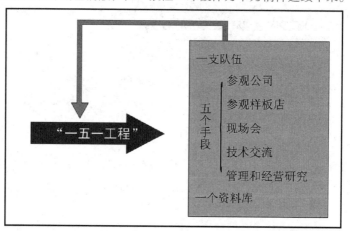

1996 年，华为公司与美国著名的 HAY 咨询公司合作实施人力资源管理变革。当 HAY 公司的专家问及任正非之前是如何发现企业的优秀员工时，任正非说道：我永远都不知道谁是优秀员工，就像我不知道在茫茫荒原上到底谁是领头狼一样。

虽然不知道谁会是领头狼，但是任正非的用人观很明确，就是要选拔具有"狼性"的人才。而为了培养具有"狼性"特质的人才和团队，任正非提议华为要构筑一个宽松的环境，让大家去努力奋斗，这样，当新机会出现时，自然会有一批领袖站出来去争夺市场先机。

那时，任正非宏大的理想与煽动性的语录口号、运动式的内部交流方式，成为艰难环境中华为这个土狼群体拓展生存空间最有效的方式。华为市场团队具有可怕的进攻性，由于任正非一直提倡的拼搏精神和他的以身作则，华为市场团队为了合同可以不回家过年，老婆孩子都顾及不上。这种在后来者看来属于非良性竞争的市场手段，却是华为得以快速成长起来的法宝。

华为的研发团队，也表现了不屈不挠、奋勇拼搏的狼性。研发团队一有任务立即顶上去通宵不眠。研究人员勤勤恳恳、埋头苦干，不害怕"冷板凳要坐十年"，坚持"从点点滴滴做起"，研究问题不求广，而是求深。所以华为的技术总能在国内领先，这是科技产品抢占市场的利器。

任正非带领着华为狼群团队，与市场中的豹子、狮子拼杀，将企业的狼性表现得淋漓尽致，屡建奇功。在业界，华为闻名遐迩。在跨国公司占尽优势的情况下，华为依然不断成长，因为它更有成功的欲望，更执着地追求发展，采用市场中尽可能有效的战术，常常以集体战的方式，斗过强大于自己若干倍的对手，找到自己生存空间。

在任正非定义的"狼性"理念中，"群体奋斗"是他非常看重的一个内容。事实上从1998年开始，任正非就十分重视对集体力量的发展。他提倡的是一种"胜则举杯相庆，败则拼死相救"的互助、合作精神。

狼之所以能够在比自己凶猛强壮的动物面前获得最终胜利，原因只有一个：团结。即使再强大的动物恐怕也很难招架一群早已将生死置之度外的狼群的攻击。可以说，华为团队精神的核心就是互助。

华为在接待客户时的表现就很好地体现了它的这种"群狼"团队精神。客户关系在华为被总结为"一五一工程"，即一支队伍、五个手段、一个资料库，其中五个手段是"参观公司、参观样板店、现场会、技术交流、管理和经营研究"。在华为，对客户的服务是一个系统，几乎所有的部门都必须参与进来。在这种团队精神的带动下，华为每次都能又快又好地完成一整套客户服务流程。华为接待客户的能力让一家国际知名的日本电子企业的领袖在参观华为后感到震惊，认为华为的接待水平是"世界一流"的。

不难看出，华为的"狼性"并不是天生的，而是在后来的生存与奋斗过程中逐渐积累形成的。任正非坚信马克思的一条真理：从来就没有什么救世主，也没有神仙皇帝。企业要富强，必须靠自己，靠发展一群战无不胜、攻无不克的"华为狼"。

第二章

狼性团队精神

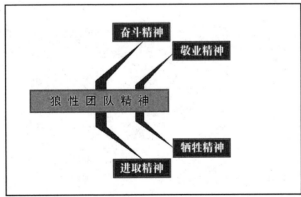

HUAWEI DE
TUANDUI JINGSHEN

第一节　奋斗精神

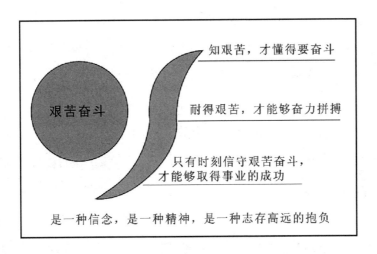

知艰苦，才懂得要奋斗

耐得艰苦，才能够奋力拼搏

艰苦奋斗

只有时刻信守艰苦奋斗，
才能够取得事业的成功

是一种信念，是一种精神，是一种志存高远的抱负

不论是在严酷、恶劣的气候环境里，还是在动物界残酷的竞争环境中，狼群团队都能够不断地去适应环境，以自己顽强的奋斗精神不断地去战胜各种困难。华为的狼性团队，在任何艰难困苦的环境中，都能无所畏惧地勇往直前，全力以赴地去奋斗和拼搏。

2006 年，任正非向华为团队推荐了一篇报道：《不眠的硅谷》，为的是让华为团队真正体会到什么是美国人的奋斗精神。

《不眠的硅谷》写道："这些编程人员、软件开发人员、企业家及项

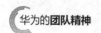

目经理坚守'睡着了，你就会失败'的信条，凭着远大的理想，借助大杯大杯的咖啡，他们会坐在发出荧荧光线的显示屏前一直工作到凌晨四五点，有时甚至到六点，而不是舒舒服服地躺在床上。这就是参与超越时区的国际市场竞争的代价：每天都有新的起点，不断狂热地开发着'互联网'技术……""工作到深夜几乎是今日硅谷中大约 20 万高科技大军统一的生活方式，那些按照传统日程工作的人们每天有两个交替的时段，而在高科技工业园的停车场里，可能在凌晨 3 点还依然拥挤不堪。而许多把黑夜当作白天的人们会在夜里把家中的计算机联到办公室的网络上……"[①]

知艰苦，才懂得要奋斗。耐得艰苦，才能够奋力拼搏。只有时刻信守艰苦奋斗，才能够取得事业的成功。"艰难困苦，玉汝于成"，艰苦奋斗是一种信念，是一种精神，是一种志存高远的抱负。

华为的蒙古客户，有 4 个移动运营商，6 个固网运营商，加上企业网大大小小的项目，每年年初，标书一个接一个，需要准备的材料五花八门，基本上每个华为项目团队成员都会有两三个项目在同时投标。华为项目团队基本是每天白天拜访客户，晚上回来看标书答标。

年初是蒙古最冷的时节，夜里最低气温零下 45 度。为了答标，华为项目团队每天都要工作到凌晨三四点，寒冷的天气和持续高强度的工作拖病了大部分成员，但大家仍然带病工作。为了和 U 运营商共同完成整网规划设计和配置报价，华为项目团队连续一周每天晚上都在客户的办公室度过。最后一天，客户 CTO 睁着熬得通红的眼睛对华为项目团队说："华为的人，我服了。感谢你们。"

在刚果金，分包商由于安全原因拒绝前往施工地区，华为依靠 GTS

① 田涛，吴春波.下一个倒下的会不会是华为.中信出版社，2012.12

员工自己的力量建立起了第一座铁塔。

在巴西，百年不遇的特大洪水冲毁了所有的道路和公共设施，华为人克服种种困难，在雨中坚持施工。

在北美，华为客户服务工程师团队为了处理问题和支持客户升级，通宵达旦地值守于机房，第一时间为客户提供服务。

在也门，华为 GTS 英雄儿女冒着硝烟，坐着当地警察护送的车辆奔波在去往局点的路上。

第二节　敬业精神

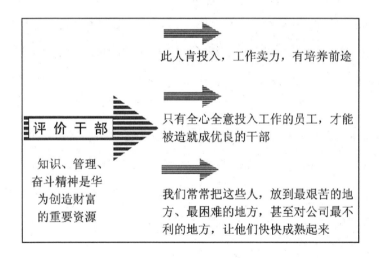

畅销书《把信送给加西亚》中有这么一句话：无论执行什么样的任务，或实现什么样的目标，选择合适的人担当重任是最为关键的。书中的美国总统麦金莱选择了年轻的中尉安德鲁·罗文去把信送给加西亚将军，就是

一个最好的例证。正因为安德鲁·罗文有着非同一般的敬业精神和非同一般的聪明智慧，才顺利地完成了这一光荣的使命。

敬业就是员工要尊敬、尊崇自己的职业，是把高度的使命感注入自己的工作中，忠于职守、尽职尽责、一丝不苟，把工作当成生命来热爱，把岗位看成使命来坚守的一种精神。敬业精神是岗位工作的灵魂，也是一个员工最基本、最起码的岗位精神。

当一个人被周围的人称之为敬业时，他就是值得敬重并信赖的人！据调查，敬业员工的工作绩效要比不敬业的员工高出 4 到 9 倍。

一项针对 40 家全球性企业的调查发现，员工对工作的敬业度和公司业绩有着联系，该结果令人注目。此项调查对公司的业绩和员工工作的敬业度数据进行了回归分析，结果发现，员工敬业度最高的企业，总体营业收入及每股盈利按年分别上升了 19% 及 28%；而员工敬业度最低的企业，其总体营业收入及每股盈利按年分别下降 33% 及 11%。另一项历时三年的相关研究显示，员工敬业度最高的企业营运利润增加了 3.7%，而员工敬业度最低的企业则下降了 2%。

团队成员的敬业表现和职业素养决定了企业真正的竞争力。任何一个想在竞争中立于不败之地的组织，必须有一批敬业的员工，并形成一个敬业的文化。如果成员普遍缺乏敬业精神，那么这个团队的竞争层次就难以达到更高的水平，无论它的战略制定得多么高明，也难以避免最后功败垂成。

一个团队需要成员的敬业精神，每个成员都兢兢业业，这个团队将是一个战无不胜的联合体。有敬业精神的团队成员才会成就有竞争力的团队。团队成员在敬业精神上的差距，决定了平庸团队与卓越团队之间的差距。团队成员强，则团队强；团队成员敬业，则团队必然会在竞争中取胜。

任正非在题为《华为的红旗到底能打多久》的演讲中谈到："强调员工的敬业精神，选拔和培养全心全意、高度投入工作的员工，实行正向激励推动。不忌讳公司所处的不利环境，激发员工拼命努力的热情。"

"知识、管理、奋斗精神是华为创造财富的重要资源。我们在评价干部时，常常用的一句话是：此人肯投入，工作卖力，有培养前途。只有全心全意投入工作的员工，才能被造就成优良的干部。我们常常把这些人，放到最艰苦的地方、最困难的地方，甚至对公司最不利的地方，让他们快快成熟起来。"

2011年3月11日，日本东海岸发生9.0级地震，灾难持续数十日。突如其来的地震打乱了华为LTE TDD软银项目组的测试节奏。东京交通和电力在地震后的第一周处于非正常状态，客户在家办公，处于休假状态；地震中有个别基站发现传输故障，使得部分测试用例必须延后执行。华为LTE TDD软银项目组紧急联系客户的项目经理。客户说："没有收到高层因为地震而推迟提交报告的指示，但华为要推迟提交报告，完全可以理解。"

这时候，摆在华为LTE TDD软银项目组面前的选择有两种。一是与客户同步也放假一周，放慢测试速度推迟提交报告。二是递交报告计划不变，想方设法完成任务。这是一个重大的决定。地震后的第三天下午，测试组全体人员与一线系统部、行销部的主管召开了紧急会议，大家全体投票表决一致通过测试报告提交计划不变，实施昼夜两班倒，24小时全天测试。

在地震后那段时间，华为LTE TDD软银项目组成员穿行在灯火通明的东京站和黑漆漆的办公大楼，最终提前一周完成测试任务。地震后的一

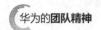

周，客户约见了相关厂家人员，结果只有华为到场，当华为的测试结果报告在规定的时间交到客户手中时，受到了客户的高度称赞。

2011 年 3 月 24 日，华为董事长孙亚芳率队赶赴日本，看望在地震一线坚持作战的员工。办事处所有人员都非常敬业。她在晚宴上鼓励敬业的华为日本团队，说道："目前的东京就像是飓风的风眼，周边虽然乱成了一锅粥，但我们这里依然很平静。"

日本著名企业家松下幸之助说过："当我看见员工们同心协力地朝着目标奋进时，不禁感动万分。"他提出并倡导企业的各级领导者要为自己的员工端上一杯茶、送去一份生日礼物。他认为，只要领导者能把员工的冷暖疾苦放在心上，真正发自内心地去尊重他们、关怀他们，就可以激发员工的爱岗敬业精神。对员工心存感恩，员工就会把企业当成自己的家一样珍惜，就会最大限度地发挥自己的创造力。

第三节　牺牲精神

有一只母骆驼带着几只小骆驼一路低着头，不时地停下来闻着干燥的沙子。按照常识，旅行者知道这是骆驼在找水喝。它们显然渴坏了，几只小骆驼无精打采地走着，在太阳的炙烤下，它们的眼睛血红血红的，看起来快要支撑不住了。旅行者还发现，小骆驼们紧紧地挨着骆驼妈妈，而母骆驼总是根据不同的方向驱赶孩子们走在它的阴影里。

终于，它们来到了一个半月池边，停住了。几只小骆驼兴奋异常，打着响鼻。可是，池水太浅了，站在高处的几只小骆驼不论怎么努力也无法把嘴凑到池水边上去。此刻，惊人的一幕发生了——骆驼妈妈围着它的孩子们转了几圈后，突然纵身跃入池潭……水终于涨高了，刚好能让小骆驼们喝着。骆驼妈妈不惜舍身救子，保住了家族的绵延不绝，令人感动。

一个团队如果有了这样一群有责任心、敢于舍弃个人利益的员工，那么这样的团队，终将是一个战斗力极强的团队。

狼是最具有团队精神的动物，自我牺牲精神就是狼群团队精神的一种表现。一只狼为了狼群整体的利益，往往会放弃自己的利益，甚至不畏惧牺牲生命。狼的这种精神，不得不让人类都感到震撼。

团队的成功之路是辛劳的汗水铺成的，是团队成员牺牲精神凝成的。任何企业都喜欢那些勇于承担重任、甘于奉献牺牲的员工。

华为总裁任正非在干部后备队结业证书上的题词这样写道："只有有牺牲精神的人，才有可能最终成长为将军；只有长期坚持自我批判的人，才会有广阔的胸怀。"

如今华为的员工更多的是"80后"的新青年，他们比起自己的前辈，更讲究个性张扬，更注重以自我为重心，自然与华为的这种"艰苦奋斗"精神多少有些格格不入。这也是华为人力资源管理在近几年遇到的比较棘手的问题。

但是，一切的争议和埋怨到了任正非这里，都无从立足。早在1998年，他就在《我们向美国人民学习什么》中强调了忘我献身精神对于华为的重要性。

"多年来我接触过相当多的美国科技人员，由于一种机制的推动，非常多的人都十分敬业,苦苦地追求着成功,这是一种普遍的现象，而非个例。比尔·盖茨初期没有电视机，而是由他父亲帮他看新闻而后告诉他，有些

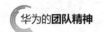

人不理解，因此也不会理解中国的许多科技工作者在那么低的收入中的忘我奋斗与牺牲精神。理解不了"两弹一星"是怎么做出来的，理解不了袁隆平为什么还那么"农民"。大庆新时期铁人王启明不就是这么苦苦探索二三十年，研究分层注水、压裂，使大庆稳产高产成为世界奇迹的吗？

任正非还举了很多这样的例子。例如：在举世闻名的美国IBM公司，具有忘我和牺牲精神的管理者为公司做出了不可估量的贡献。他们中间有一位被称为"棒子杰克"的，其真名为伯特伦，但因为出名的严厉，反而使人们淡忘了他的真名。在IBM，凡是很自负的员工（包括很多高手），都会派到"棒子杰克"的部门去工作。由伯特伦来考验他们，这是过关的必经之路，由此也使许多人对他怀恨在心。伯特伦每天只睡三四个小时，有时会半夜三点起床到他管辖的某个工厂去逛逛，看看有什么问题。任何人的汇报都欺瞒不了他。他的工作方法曾经妨碍过他的晋升，但最终他获得了人们由衷的尊敬。

伯特伦在56岁时，卧病在床。他清楚自己来日不多了，但是他仍然继续工作。当伯特伦的上司屈勒去医院看望他时，他正靠人工器官呼吸维持生命，但令人吃惊的是，伯特伦临死也不忘IBM的改革，他在这时还向上司推荐主持工作站工作的人选。

再例如：伯兰是IBM企业联盟构想的提出者，"企业联盟"后来成长为几百人的部门。企业联盟就是IBM在向客户销售硬件之前，先派一批程序员去与客户沟通，了解客户的需求，然后再按客户的要求在30～90天内做出一些客户需要的软件。这给客户留下了很深刻的印象，也使得客户在购买机器时，首先想到的肯定是IBM。

伯兰在50岁时因为患脑癌而住进医院，虽然经过手术，但由于癌细胞已扩散，医生也没能挽救他的生命。伯兰躺在病床上，他在病房安装了一台电脑，每天花好几个小时追踪他的计划进度，发出几十封到几百封电子邮件。临死前，他还说了一句"我动弹不得，就像 IBM 一样"。彼时，IBM 正由于机构臃肿重叠，冗员繁多而导致了它市场反应缓慢，渐露败相。直到后来郭士纳的到来，完成了对 IBM 的大手术，使它重获新生。

任正非无疑是带着无比崇敬的心情，来描述这些拥有忘我奋斗与牺牲精神的人们。他说道："如果以狭隘的金钱观来认识资本主义世界的一些奋斗者，就理解不了比尔·盖茨每天还工作十四五个小时的不间歇的努力。不带有成见去认识竞争对手，认真向他们学习好的东西，才有希望追赶上他们。"

任正非曾对员工说："为了这公司，你看我这身体，什么糖尿病、高血压、颈椎病都有了，你们身体这么好，还不好好干？"

在《我的父亲母亲》和《华为的冬天》中，任正非也非常清晰地说明了华为"对普通员工不做献身精神要求"，"只对高级干部严格要求"，与柳传志"基层员工要有责任心，中层员工要有上进心，高层员工要有事业心"异曲同工。

2011 年对于科特来说是多灾多难的一年，国家动乱、欧盟禁运、银行停业、战火纷飞，到处满目疮痍。

华为团队冒着生命危险坚持留守在科特，与客户同在，与网络同在。华为团队在炮火声中赶去客户机房修复网络恢复通讯；在缺水少粮中编写《科特华为人》彼此进行精神鼓励；在一片危急中帮助客户高层撤离战区……

华为团队实际行动诠释了华为品牌，用真诚奉献打动了全体客户，

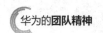

随之而来的是法电科特子网无线／核心网突破，MTN 科特子网全网代维 &2G 搬迁等项目的尘埃落定。

2008 年 8 月 8 日，这个世纪难逢的吉祥日子，对中国来说，更有着特别的意义，多少年的奥运梦终于实现了。然而就在礼炮响过的时候，格鲁吉亚和俄罗斯为了争夺南奥塞梯的控制权而爆发了战争。那时候，华为格鲁吉亚代表处汇聚着投标项目组近 40 人，忙得热火朝天。

战争伊始，情况很不明朗。由于格鲁吉亚代表处的大多数华为人都是第一次历经战争，紧张程度可想而知。当时，网络中断了，只有当地政府的电视台传递着有限的信息，人们对局势的判断不再坚定。当推断和谣言恣意泛滥的时候，人的意志很容易被摧垮。

战争越来越激烈，很多驻外机构纷纷转移，代表处的员工开始把家人送到深山，往日热闹的首都，变得十分冷清，在市场和超市都难以见到几个人。

在形势恶化的情况下，必须把大部分团队成员立刻疏散出去，避免发生意外情况，但需要留下几个成员在这里维持工作。

战争持续了 8 天，华为格鲁吉亚代表处的服务没有中断，与 M 运营商一起预警可能出现的网络事故，并及时为客户完成终端清关。对此，客户称华为人是真正靠得住的伙伴，是他们真正的朋友。在 U 运营商，股东层和管理层都来自哈萨克，格鲁吉亚代表处为客户及其家属提前设计了转移方案，包括车辆、途经国住宿，陆空换行路线等都做了周密安排，客户非常感动。

也许是经过战争洗礼的团队更加坚强，战争过后连续两年，华为格鲁吉亚代表处销售额连续翻番。

2011 年 4 月，科特迪瓦内战爆发，华为科特迪代表处宿舍区域也爆发大规模枪战，客厅的玻璃都被流弹击中了。

在这样的情况下，华为开始疏散撤离人员。然而，许多技服员工却纷纷请战，主动要求留下来。有的华为员工在邮件中写道："我很熟悉各销售项目和交付项目的进展，在本地员工中有号召力，可以和留守的中方和所有本地员工保障客户网络的稳定。"

第四节　进取精神

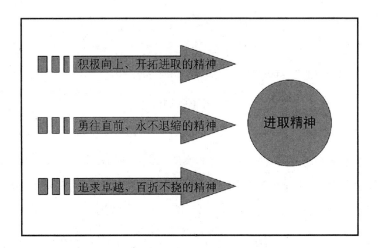

很久以前，一位富翁要出门远行，临行前他把仆人们叫到一起并把财产委托给他们保管。依据他们每个人的能力，他给了第一个仆人 10 两银子，第二个仆人 5 两银子，第三个仆人 2 两银子。第一个仆人用 10 两银子经商并且赚到了 10 两银子。同样，第二个仆人用那 5 两银子也赚了 5 两银子。

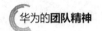

但是拿到 2 两银子的第三个仆人却把它埋在了土里。

很长一段时间之后，主人远行回来与他们结算，拿到 10 两银子的仆人带着另外 10 两银子来了。主人说："做得好！你是一个对很多事情充满自信的人。我会让你掌管更多的事情。现在就去享受你的奖赏。"同样，拿到 5 两银子的仆人带着他另外的 5 两银子来了。主人说："做得好！你是一个对一些事情充满自信的人。我会让你掌管很多事情。现在就去享受你的奖赏吧！"最后，拿到 2 两银子的仆人来了，他原以为自己会得到主人的赞赏，因为他没弄丢主人给的那 2 两银子。在他看来。虽然没有使金钱增值，但也没丢失，就算是完成主人交代的任务了。

然而他的主人却非常生气，反倒将他的 2 两银子也收回来了，并把他赶了出去。因为他认为安于现状的这个仆人实在可气，没有半点进取精神。①

进取精神是一种积极向上、开拓进取的精神，一种勇往直前、永不退缩的精神，一种追求卓越、百折不挠的精神。

任正非曾在文章中指出华为公司在管理团队时，首要的是进取精神与敬业精神。他认为：合格的管理者需要具备强烈的进取精神与敬业精神，没有干劲的人是没有资格进入领导层的。这里不仅仅是指个人的进取精神，而是自己所领导群体的进取与敬业精神。

事实上，华为早期的海外拓展，基本都是从一穷二白起步。怀着理想，手提长矛就出发了，凭着无畏的进取精神，一直拼搏到今天。

华为在进入欧洲市场时，高层专程赴欧洲拜访沃达丰集团的时候就当场表示："华为的无线产品经得起任何考验！"一个从东方神秘国度走出

---

① 田涛，吴春波.下一个倒下的会不会是华为.中信出版社，2012.12

来的公司，这样的承诺让客户吃惊："不会是吹牛吧？"沃达丰集团 CTO 将信将疑："那就把华为的产品放到最严格的德国来进行测试。"

为了这个测试，华为进行了几个月的准备，但德国子网因为各种各样的原因坚决抵制华为在德国测试，数月努力，换来的还是"不可能"，华为团队心里充满了强烈的挫折感。尽管经过辗转努力，华为在西班牙争取到测试的机会，但当地客户还是说："你们在这里做测试可以，但不可能有真正进入沃达丰西班牙子网的机会。"

然而，华为团队却像抓住救命稻草一样，奋力拼搏，像做商业网那样做实验局，客户的每一个要求，华为的团队都积极响应。当客户希望看到一个西班牙高铁的覆盖解决方案，仅仅是方案而已，华为人在三个月内就在上海的磁悬浮沿线搭建覆盖，请客户到上海现场体验。

从 2005 年盛夏到第二年的春天，当华为把实验局做完时，在后续的招标中，客户出人意料地选择华为进入沃达丰西班牙子网，这是沃达丰最大的四个子网之一，也是其全球子网中增长速度最快的一个。

这是一次来之不易的机会。客户说："是你们 9 个月来的表现打动了我们，你们做事的严谨、规范、响应速度，以及团队成员，我们都非常认可。"而此时的华为团队，已是泪眼婆娑——这是一个里程碑式的事件，它标志着华为真正迈进大国、迈进大网的市场。

西班牙项目的成功，让沃达丰这家世界级的运营商认识了华为。从那以后，华为逐步获得了沃达丰客户群的多个项目，并连续获得沃达丰颁发的杰出供应商奖。

然而，华为始终无法叩开德国子网的大门。2005 年被德国子网拒绝测试后，2008 年，德国子网再次发出 3G 招标。几轮惨烈的竞争下来，华

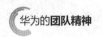

为挤进了最后三家采购名单。华为人对这次招标充满了渴望，但最后的结局，客户还是对华为说"NO"，而是选择了另外两家公司帮助其建设 3G 网络。

之后，华为团队去拜访德国子网 CTO，诚恳地说："中国人有一项非常优秀的品质，就是我们有足够的耐力和毅力，无论项目得失。"

2010 年初，金融危机乍寒还暖，德国率先启动 LTE 建设，希望通过国家宽带拉动经济增长，沃达丰德国承担起了这一历史使命。华为敏锐地捕捉到机会，凭借对客户网络的深刻理解，开创性地向客户提出 2G/3G/LTE 三网合一的解决方案。2010 年 7 月，客户终于牵手华为。

链接1

华为主管当责："三近"和"三远"

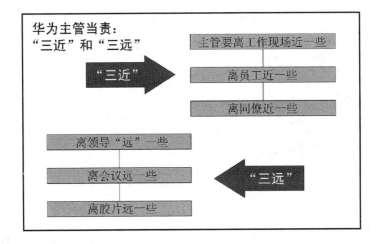

主管当责，如何才能做到？我们讨论的感想是，主管当责要遵循"三近"、"三远"原则。

"三近"指的是：主管要离工作现场近一些、离员工近一些、离同僚近一些。

第一，主管要离工作现场近一些

2008年瑞士电信40G比拼测试，在正式测试开始后的第一天晚上业务就出现了误码。现场的开发人员、测试人员、SE一直定位到凌晨三、四点钟都没能定位出问题所在，大家都疲惫不堪，有人说要不就算了吧？现场的PDT经理坚持说绝对不能放弃！并亲自带领着大家抱着怀疑一切的态度，从头开始排查。最后怀疑可能是仪表的问题，连夜就给仪表厂家中国区负责人打电话，请他们联系上德国的负责人，并让德国负责人带着新的仪表第二天一早就出现在客户的实验室，跟我们一起向客户解释这个问题。最终华为人拿下了瑞士电信项目并一次性签订了10年框架2亿美金的合同。这就是主管亲临一线当责的效果。

主管要贴近客户一线，只有参与客户面对面的交流，才能识别哪些是重要的需求，哪些是不重要的需求。对识别的结果要敢于取舍，"取"往往比较容易，"舍"往往特别困难，要做到明白的取舍，只有深入市场一线，才能有正确的判断。主管也要深入到生产和服务的现场，解决供应和交付的关键问题。

第二，主管要离员工近一些

有这样一个案例：某部门有个PL（小A）带着一个开发团队，每次主管问小A，"你们组现在怎么样？"小A总是回答，"我们团队很好啊，没什么问题。"其实组织气氛调查已经显示小A的团队氛围出了问题。而小A远离员工导致不了解小组成员的真实状况了，这种情况下当然更别提识别奋斗者和懈怠者了。很多主管在打考评的时候往往觉得很难，主要问题还是离员工太远，不了解员工具体工作和输出，所以主管只有离员工近一些才能有效地识别和评价真正的奋斗者。对于有懈怠倾向的员工，不论新老，主管都要敢于实施负向激励。很多主管抹不开面子，只习惯于做正向激励，不敢做负向激励，但是员工都是看得很清楚的，不能公正地进行绩效考核，团队的战斗力就一定会下降。

主管离员工近一些，还有一个目的是员工感受到主管在与他们共同奋斗。不能说"举杯相庆"的时候主管一请就来，"拼死相救"的时候就找不到主管了，这样的主管不是当责的主管。

第三，主管要离同僚近一些

公司目前已经是高度流程化的组织，单一部门都无法完成公司最终的客户满意，商业成功的诉求。虽然公司流程规定了每个部门的具体的工作职责，但在日常的各个具体的工作细节中，往往不能100%清晰无歧义地定义部门间所有的工作界面。这就需要各级主管要和周边部门的同僚走得更近一些，积极主动和周边部门沟通，确保各项工作在流程的各环节顺利进行。和上下游环节要做相交环，不能做相切环，只保留一个交接相切点，要各自把手伸长一些，从自己的环节出发主动扩展到流程的其他环节，发现端到端的流程问题并推动优化，主动打破部门墙。当发现影响客户满意度的问题，即使不是本部门的职责，主管也要主动与周边部门沟通并推动解决，提倡"狗拿耗子"的精神。

"三远"指的是：离领导"远"一些，离会议远一些、离胶片远一些。

第一，离领导"远"一些

离领导远不是减少和领导的沟通，在业务上要和领导密切沟通，但是不是和领导套近乎，搞私人关系。特别是技术体系的系统工程师和架构设计师，一定要有客观中立的技术立场，一定不能顺着领导的决策倾向来提供技术意见。

主管当责，自己业务范围的事情要果断决策并勇于承担决策责任，不能

把所有问题都推给领导，自己当"二传手"。报喜也要报忧，客户交付出了问题要及时通报，绝对不能搞内部公关。

第二，离会议远一些

要把PL从胶片和会议中释放出来，让他们有时间去编码，去画原理图，PL一定不能脱离具体业务。

比尔·盖茨曾告诫微软的内部员工："能站着解决的问题就不要坐着解决，能在桌边解决的问题就不要去会议室。"这句话中的"去官僚主义"主张值得我们借鉴和学习。建议内部能力建设、内部培训放到晚上进行，确保白天核心工作时间的工作效率。

第三，离胶片远一些

提倡内部汇报胶片简化，讲清楚问题即可，文字为主；内部站会，尽量使用白板。提倡走动办公，减少基层向上的汇报。不将胶片写作摊派给基层。减少重复的述职，重复的大胶片汇报，减少PBC条目。

"三近"和"三远"是我们对主管当责行为的一些观点，只要主管以身作则，从我做起，贴近一线，贴近团队，就会带动整个团队的当责风气，从而大幅提升团队的战斗力。

（本文摘自《华为人》第238期 作者：高戟 黄建杰）

任正非：珍爱生命与职业责任

一、生命是宝贵的，不做无谓的牺牲

在财产与生命的关系上，我们从来主张生命优先为第一宝贵的资源，要加以关爱。我曾经说过，在遭遇抢劫……可以无条件地放弃抵抗，留得生命在，还可以再创造出财富。在上山作业时，注意一下野蜂、蛇……多耗费了一些时间，应无可指责。由于敏感危险，反应过度，临时紧急撤离，事后证明并没有什么，也不应有什么批评。应对高危地区在投标时就预留够这些安全成本。

任何人，任何时候，关注生命也应以理解。包括家人担心亲人在前方的工作安全，也不应视作落后。但家人应采取与前方亲人沟通、劝他们离开工作岗位返回的方式，而不应对公司施加压力。当然必须在工作移交出去后，才能离岗，不能无条件地逃跑，我们从事的职业不允许自由主义。家人不应企图改变公司的决策，一方面影响公司的运行，一方面也给一线的亲人留下了负面的东西。有人不愿意工作是可以的，但公司必须维护网络的稳定运行。我们要关注生命，也要努力奋斗，这是不矛盾的。

二、各级主管在危机处理中，应该承担起责任。主管在团队面对危难时个人的勇气、沉着与周全安排，对于业务的稳定与人员的安全关系重要

我们要选拔那些有使命感的人，那些有职业责任感的人，作为我们事业的骨干。骨干是会比一般劳动者多一些牺牲的机会。我们的职业责任感，就是维护网络的稳定。当一个国家危难，方显这个民族的本性与品质，这次大地震日本人民表现出的伟大品格，值得我们华为人学习。一位领导对我说到日本福岛核电站抢险的 50 死士时，都流泪了，一个国家，一个民族，一个公司，有了这样的儿女，还有什么人间奇迹不能创造出来。这次利比亚大撤退中，华为人表现出的这种沉着、镇静、互相关爱、特别是对别人的关爱，多次主动把希望与机会让给别人，已具备了这种精神，多么的可歌可泣。胡厚昆向我汇报时，说真想哭。对那些坚守在高危地区，和在高危险地区陪伴亲人的家属，都应获得我们的尊敬。没有他们的牺牲，就没有我们的幸福。这次在日本大地震、大海啸、核辐射的情况下，日本团队在董事长孙总的领导下，没有撤退，沉着、冷静地参加抢险，不仅有了向日本人民学习的机会，也向日本的运营商展示了中国公司的风采，这都说明了中日员工的合作、进步与同甘共苦，也说明了我司文化的进步。要堂堂正正做人，认认真真做事。

三、我们从事的是为社会提供网络，这种覆盖全球的网络，要求任何时候必须稳定运行

而我们提供的产品与服务已无处不在，无时不在，无论在缺氧的高原、赤日炎炎的沙漠、天寒地冻的北冰洋、布满地雷的危险地区、森林、河流、海洋……只要地球有人的地方，都会有覆盖。我司已为全人类的 20% 提供了

通信服务，网络要求任何时候，任何情况下不间断，在这么宽广的地域范围内，随时都会有瘟疫、战争、地震、海啸发生，因此，员工在选择工作岗位时应与家人一同商量好，做好风险的控制与管理，不要有侥幸心理。华为并不意味着高工资，高工资意味着高责任。华为将推出本地化薪酬，做一般劳动者也没有什么不光荣。我们的职业操守是维护网络的稳定，这是与其他行业所不同的，豆腐、油条店……可以随时关掉，我们永远不能。我们曾经在安哥拉，当地负责人不请示公司，就背弃了当地政府，背弃了运营商及合作伙伴，私自撤离，酿成大错。事后多年当地政府坚决拒绝华为再进入安哥拉，我们为此付出了多大代价才重返安哥拉。任何时候都会有动乱发生，我们在任何地方、任何时候只对网络的基本稳定承担责任，任何地方、任何时候，我们决不会介入任何国家的政治。放弃网络的稳定，会有更多的人牺牲。日本的50死士他们不牺牲，事故的扩大，就会有成千上万的人牺牲。任何事业都不是一帆风顺、布满鲜花的，我们选择的职业，是有一定责任的，而且企望担当重要职务的员工，责任更加重大。各级部门对员工入职教育时，要深刻的讲清这一点。员工表态，承诺后，也许在现场临时仍然有心理承受不了，对压力大的员工，应尽快从一线撤回，一是他们的安全，二是别影响他人。我们所有的干部，要如解放战争期间共产党员一样，"冲锋在前，退却在后；吃苦在前，享受在后"。我们的各级骨干，应是这种选择。

四、任何员工都有追求幸福的权利，不同的人对幸福的理解是不一样的，如果幸福的标准与物质无关，人人都是可以实现的

我们理解小家庭的温暖，我们公司也有许多低端的岗位是不流动的，而且我们正准备推出本地化的薪酬，员工在人生选择中，可按自己的意愿选择。

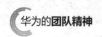

为什么一定要做鸿雁？在我们本地化薪酬没有这么多岗位满足时，各级主管要理解员工辞职到其他公司工作的要求，别刁难他们，以便他们可以照顾到家庭。以后有本地化岗位了，也可以欢迎他们回来应聘。总之，公司与员工的关系，应更加开放一些。

五、公司各级主管与行政管理部门，要有危难时如何紧急处理的预案

对危难的排除，还是力主在当地解决，超支的费用事后据实报销。我们已经是跨国公司，中外员工的生命同等重要，不能只关注中方员工。一切为了生命，都可以灵活处置。供应确实在当地解决有困难的，清单要具体化，公司努力保障，但远水不解近渴，还是要立足本地化解决，公司财务要实事求是对待这些事件。公司在启动应急预案，有效应对危机同时，各部门也要各司其职，保证公司生产业务系统稳定正常地运行。

（本文根据任正非于 2011 年在伊拉克代表处与员工座谈时关于生命的讲话及结合任正非在阿富汗、利比亚等国家的讲话综合而成。）

第三章

团结合作精神

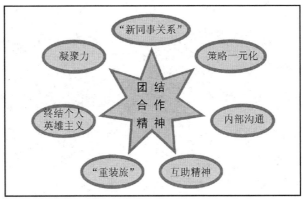

HUAWEI DE
TUANDUI JINGSHEN

　　团队精神，在华为体现为"忠诚，勇敢，团结，服从"。其中最为重要的是团结合作的精神。有这样一段关于华为的文字，它对华为的团队精神所包含的对高度协作的不断追求做出了明确的阐述——"他们的营销能力很难超越。人们刚开始会觉得华为人的素质比较高，但对手们换了一批素质同样很高的人，发现还是很难战胜华为人。最后大家明白过来，与他们过招的，远不止是前沿阵地上的几个冲锋队员，这些人的背后是一个强大的后援团队，他们有的负责技术方案设计，有的负责外围关系拓展，有的甚至已经打入了竞争对手内部。一旦前方需要，马上就会有人来增援。华为通过这种看似不很高明的'群狼'战术，将各国列强苦心经营的领地冲得七零八落，并采用蚕食策略，从一个区域市场、一个产品入手，逐渐将他们逐出中国市场。"

第一节　凝聚力

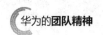

一位华为的老员工就讲述了两件他亲历的体现华为团队凝聚力的小事。第一件是在他刚刚到华为的时候，参与了公司一项重要业务的筹备工作，部门主管一声令下，大家一起上都特别有精神，经常加班、熬夜。那时虽觉得公司管理有些乱，但处处透露出一股活力。第二件虽然平常，但却让他印象深刻。那时他刚刚脱离教书的生涯，华为公司紧张的工作环境虽然让他兴奋，但由于过惯了自由散漫的日子，一时也无法适应，更没有融入集体之中，开口闭口常会说："你们华为……"。当时一位打字员小姐反驳说："你不也是华为人吗？为什么老说'你们华为'，而不说'我们华为'？"打字员小姐的话深深地触动了他，突然让他觉得华为公司的凝聚力很强，作为集体的一分子应该有种认同感。

华为企业文化是华为凝聚力的源泉，渗透在华为运作的方方面面、员工工作的点点滴滴使华为成为一个整体起到连接和润滑的作用。

为了使自己的企业具有凝聚力和团队精神，华为于1995年9月，在公司内发起"华为兴亡，我的责任"企业文化大讨论。

在《华为基本法》的定稿过程中，有一个细节，充分地反映出任正非对中国文化精髓领悟之深。关于华为的"凝聚力"源泉，最初的表述是："爱祖国、爱人民是我们凝聚力的源泉。"任正非亲自在后来加上了"爱公司、爱自己的亲人"。他解释说："我这个人的思想是灰色的，我爱祖国、爱人民，但我也爱公司、爱自己的亲人，我对自己子女的爱，总还是胜过对一般员工的爱。这才是实事求是，实事求是才有凝聚力。公司一方面使员工的目标远大化，使员工感知他的奋斗与祖国的前途、民族的前途联系在一起的；另一方面，公司坚决反对空洞的理想。要培养员工从小事开始关心他人，要尊敬父母，帮助弟妹，对亲人负责……实事求是合乎现阶段人们的思想水平。"

　　他提倡把自己的第一份工资邮寄给父母，同时要求员工过春节给父母洗脚，爱护自己的弟妹，关心希望工程。正是这些点点滴滴的教诲，引导华为高度凝聚，一次次从危机走向新生。"亲情牌"从来都是抓住人心最有效的武器。华为人庆幸跟对了老板。这是华为凝聚力高、战斗力强的一个因素。①

　　任正非相信：如果华为有一天停止了快速增长，就会面临死亡。只要主业还充满活力，我们的团队就有强凝聚力，员工就会拼命而乐此不疲。

　　独特的股权激励制度给华为带来了很强的凝聚力。2012 年，华为全年利润 154 亿元，华为拿出 125 亿元用于奖金激励，这使得华为的员工凝聚力快速提升。

　　任正非微不足道的个人持股不但不会影响他的权威性和控制力，相反，员工的主动性、积极性和公司的凝聚力、竞争力会更高。因为任正非权威的建立不是通过控制员工，而是通过激发员工。

---

① 　王育琨.《任正非：华为最基本的使命就是活下去》.中国经济周刊

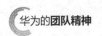

第二节 "新同事关系"

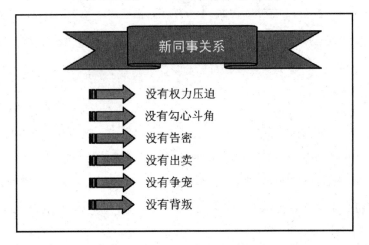

新同事关系

没有权力压迫
没有勾心斗角
没有告密
没有出卖
没有争宠
没有背叛

在过去的年代中，华为更多注重资金在生产力诸要素中的作用，但现在，人成了产业要素中的最重要成分。人的流动、组合、裂变导致了资金、技术、项目的不同组合和裂变。

在这个变化的速度与频率都日益加快的时代，华为始终大力倡导集体奋斗的精神，这种集体奋斗的精神在华为被称之为"新同事关系"，这种独具魅力的组合方式为华为的团队管理注入了一股新鲜的血液。

华为之所以用新同事关系来取代集体奋斗，主要是因为传统的同事关系是以权力和权力支配的秩序为主要特征，这种状况类似于宫廷太监所处的环境——每天被权力压迫的人很容易就把权力当成了事业目标，反而忽视了事业本身，上下级之间很难齐心协力共同奋斗。而"新同事关系"却是建立在一种共同兴趣和特长上的组合。员工们能够聚集到华为这个大家庭中是由于事业目标一致，利益一致，压迫主要是来自公司外部的市场，市场优胜劣汰的法则把公司命运与员工命运紧紧捆到了一起。

在华为，几乎每个人都能明显地感觉到与同事共处的时间要远远多于与家人和亲友共处的时间，华为的领导层适时地抓住这个契点，从新员工一入职的时候就向其灌输这样一种思想：当我们有条件去选择自己的工作环境时，我们可以像兄弟姐妹共同操持一份家业一样操持我们的事业，我们之间没有权力压迫，没有勾心斗角，没有告密，没有出卖，没有争宠，没有背叛。我们用各自的肩膀互相支撑，我们亲人般地互相关怀，我们有共同的兴趣，共同的目标，我们愿意在工作之余互相倾诉又互相倾听……

就是在这样一种氛围下，"华为"人像"硅谷"人一样工作起来不要命，时常深夜加班，吃盒饭，在办公室桌子底下打地铺。但节假日他们又常常三五成群地乐乐呵呵地结伴出游，没有目的，不要行装。

许多其他企业的员工都羡慕华为的同事关系，殊不知友好、自由、敬业，这份轻松自在的同事文化环境是众多华为人在无数次的集体奋斗中一点一滴积累起来的。

任正非有一个著名论断：当今世界的科技进步已走过了爱迪生时代，不可能依靠一个人的聪明才智改变整个世界。所以除了在公司实行全员持股制度外，公司始终致力于营造集体奋斗的企业文化，没有责任心，不善于合作，不能群体奋斗的人，等于丧失了在华为进步的机会。

华为是个只认同贡献不认同资历的企业，在华为发展史上，曾有过19岁的少年班毕业生因贡献突出被提为副总工程师的记录。

实际上，在"华为"这样的企业，大多数人淡泊于职务高低，他们常常沉浸在团队奋斗的热情中，以及共同创造出成果的喜悦中。

华为公司营造了一种让人耳目一新的同事关系的氛围，没有勾心斗

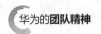

角，没有争宠卖乖，全员持股制度更是将全体员工纳入了一个共同事业之中，在这个团队中，每个人的创造力和责任心都得到了充分的调动，从而保证了企业在强手如林的市场上始终保持了旺盛的竞争力。

第三节　策略一元化

所谓策略传达的"一元化"，并不是指上级部门领导向下级部门领导单方向传达，而是应让策略执行总负责人和分负责人都知道、都负责。

华为早期在开营销工作会议时，常常将业务部和市场部或其他部门分开，由几个分管不同部门的负责人分别召开会议。其结果就是：市场研发部门拿出来的东西根本不适合业务部门进行市场推广，研制的一些产品毫无执行力，宣传与市场实际脱轨，浪费企业资源。这就是没有注意各个部门之间协调统一的"一元化"原因造成的。

任正非发现这个现象以后，立即调整了各个团队孤立作战的模式，公司的各项决策以及计划都统一开会布置传达，对各办事处则主要采取邮件的形式进行布置和指挥。

为了确保各部门能真正做到思路"一元化"，华为还采取了很多措施。例如，任正非曾经给某市场研发部的主管们一人发了一双鞋子，要其下到基层去和销售人员一起调查市场，切实了解市场的需要，和有经验的市场销售人员交换意见之后再重回实验室继续产品的开发研究。

华为的"一元化"并不是集权的意思，它还包括总部负责的一个中心的一体化。部门领导者不是将工作分摊下去就没事了，要形成以总负责人为中心的工作模式，考虑公司其他部门的条件以及市场的大环境，将各项工作摆在适当位置，而不是自己全无计划，只按上级指示来一件做一件，形成很多的"中心工作"和凌乱的无秩序的状态。

一些领导人喜欢听市场部门调查上来的一些小报告，往往以这些小报告来决定制订的策略是否执行到位。而这些市场调查的人员又不了解整体的市场情况，仅仅从一些个别情况去武断地推论全部情况，因为他们根本不了解策略实施的真正内涵，没有从效果上去衡量策略的实施，而是从过程中去推论策略的执行。究其原因，还是他们不了解策略的全部，最终导致策略不能有效地、完整地实施，影响执行力。

第四节　内部沟通

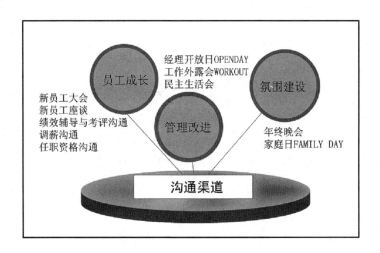

沟通在团队内部无处不在，无时不有。沟通最基本的解释是从一个

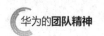

人到另一个人传递信息的过程。有效的沟通意味着信息从发出者完整、准确地传到接收者那里。换句话说，沟通就是传授思想意图，使自己被其他人所理解的过程。

良好的团队内部信息沟通机制，一方面有利于企业将构想、使命、期望 与绩效等信息准确地传递到员工，并指引和带领他们完成团队目标；另一方面，良好的内部信息沟通机制，有利于员工及时反映思想动态，收集员工的新想法、新观点，为员工反映问题、抒发情感提供途径。

团队内部需要形成一个沟通的规范，即用什么样的方式、什么样的语言要有一个规范，这样就不会因不同的沟通方式而产生信息差别。

彭剑锋是《华为公司基本法》起草小组专家之一，他回忆他和华为总裁任正非交流的过程说，任正非是一个思维敏捷、极具前瞻性与创新意识的人，经常会有一些突发性的、创新性的观点提出。随着企业扩张、人员规模扩大，企业高层与中基层接触机会减少，他发现自己与中层领导的距离越来越远，老板与员工之间对企业未来、发展前途、价值观的理解出现了偏差，无法达成共识。这需要在两者之间建立共同的语言系统与沟通渠道。《华为公司基本法》正是在这样的背景下出台。

同时，华为的各业务单位和部门，实践出了很多正式和非正式的沟通渠道，建立起公司和员工之间的桥梁。基于员工成长的沟通：新员工大会、新员工座谈、绩效辅导与考评沟通、调薪沟通、任职资格沟通等；基于管理改进的沟通：经理开放日 OPENDAY、工作外露会 WORKOUT、民主生活会等；基于氛围建设的沟通：年终晚会、家庭日 FAMILY DAY 等。

员工可以向自己的直接主管提出自己的意见和建议，也可以按照公司的开放政策，向更上一级的领导提出他们的问题。

华为人还会利用类似《华为人》报一样的内部报纸，及时传递来自基层的信息，这是从微观层面实现企业与员工持续沟通的有利工具。应该说，报纸是企业内部最便捷的沟通渠道，它的作用在于实现企业与员工之间、员工与员工之间持续不断的沟通。

《华为人》报很有特点，基本上都是员工自己写身边的人和事，写他们自己的感悟，可以让人感受到华为人的精神风貌，以及他们的顽强拼搏、奋力进取的精神。这是实现员工内部互动、良性沟通的有效方式，也是最便捷的一种沟通渠道。

第五节　　互助精神

有这样一个故事，有人和上帝谈论天堂和地狱的问题。上帝把他带入两个不同的房间，每间屋里都有一大锅肉汤。第一个房间每个人看起来都营养不良，绝望又饥饿。他们每个人都有一只可以够得到锅子的汤匙，但汤匙的柄比他们的手臂还要长，自己没法把汤送进嘴里。而另一个房间里的一切和上一个房间没有什么不同，一锅汤，一群人，一样的长柄汤匙，但大家都在快乐地唱歌。原因很简单，在这儿他们会喂别人。

著名经济学家厉以宁教授讲过一个不同以往版本的龟兔赛跑的故事。他说，我们北大光华管理学院讲的龟兔赛跑的故事是这样的：龟兔赛跑有四个回合，第一个回合，乌龟虽然在竞争中处于劣势，但坚持了下来，等待对方犯错误。结果兔子睡大觉，乌龟赢了。第二回合，兔子接受教训，不再睡大觉，把潜在的可能变成了现实，兔子赢了。第三回合，乌龟调整

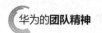

了策略，改变了比赛路线，在新的比赛路线上邻近终点处有一个水池。比赛中兔子虽然跑得快，但过不了水池；乌龟虽然跑得慢，但顺利地游过了水池，乌龟赢了。第四回合，乌龟与兔子结成战略伙伴关系，互助互信，在陆地上兔子背着乌龟跑，在水里，乌龟驮着兔子游，结果乌龟与兔子一起快速抵达终点，达到了双赢。

你不会发现有哪只狼在同伴受伤时独自逃走。它们好像比我们更清楚，既然造物主把它们的命运连在一起，它们就应该互相帮助、同进同退。

然而，我们人类在很多时候，在互助合作、共同发展方面的表现并不怎么样。我们没有认识到，单独的一只狼或许可以生存，但单独的一个人却一定无法生存，因为我们比狼群更需要互助、和谐和共同发展。

任何一个成功的团队，都离不开团结互助。因为任何一个人在帮助别人的过程中，不仅能提高自己的荣誉感，还能充分体现出个人的价值，使团队在共同的进步中得以发展。

互助是团队精神的具体体现，而互助更多的是要求你主动帮助别人，你主动帮助了别人，哪天你需要别人帮助的时候就可以主动向别人寻求帮助了，这是一个相互的过程。

1999年，作为一家超过2万人的企业，华为自然清楚互助精神在企业的发展过程中有多的重要，但是它并没有像现在国内许多企业一样虽然言必称企业文化，但实际根本不知文化为何物。华为把整个企业文化写到了公司的基本法中，并且实实在在地发挥着文化对管理的辅佐作用。

说到华为的互助，其实源自《左传，襄十一年》：如乐之和，无所不谐。就是提倡企业管理者与员工之间，员工与员工之间要协调默契，上下一心，相互尊重，宽容和理解，要坦诚相待，互相帮助，文明礼貌，亲密团结。华为的互助不是单纯的一个人遇到困难，另一个人来帮忙这么简单，而是几乎涵盖了企业和员工的方方面面，是在你没有遇到困难或可能要遇到困难的时候，都会有人通过各种形式向你伸出援手。

有一次，杭州某地市局副局长带领4个人到深圳基地参观，华为迅速从不同部门抽调人员，组建了20人的团队直接提供全程服务。首先，杭州办事处的秘书填写了客户接待的电子流，由办事处会计申请了出差备用金；然后，深圳的客户工程部接待人员打电话到杭州办事处核实和修改电子流中的行程安排，安排专门的司机和接待人员到机场接机、安排住宿；这时，系统部职员会及时打电话和销售人员确认高层接待事宜，并且负责安排高层领导接待；接下来，公司某总监在酒店设接风宴招待参观人员，同时，公司总台会打出电子屏幕：欢迎某某局长一行；饭后，由公司另一总监在公司会议室向客户系统介绍华为的产品战略；紧接着，带领客户到公司产品展示厅由不同的展厅人员分别讲解移动产品、传输产品、宽带产品；然后，由生产部人员带领客户参观生产部；之后，回到会议室，由各职能部门总监介绍华为企业文化、财务管理、产品研发、公司前景，等等；最后，由公司副总裁设送行宴，由客户工程部到机场送行。

华为的考核表中几乎所有职位都有一个共同的考核要素：和同事的合作。这一项在100分的考核中占10分。这项考核的主要评分标准就是看在两次考核之间是否有华为的其他员工投诉过你。但是，大可不必因为这个而处处唯唯诺诺，巴结讨好同事。因为经过华为文化熏陶出来的华为人已经接受了以公司为重的理念，大多对事不对人，即使你是总监，有些事情处理的不得当，也免不了会有人投诉你，投诉你的人可能就是个普通的工作人员。在华为，投诉别人的人很多，被投诉的人也不会怀恨在心。

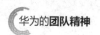

最关键的是，只要在华为工作超过两年的员工，几乎都有类似投诉和被投诉的经历，华为规定，一旦你被别人投诉，不管是不是事实，不要争辩，先自我检讨，然后和投诉你的人做一个交流。通过别人的帮助，被投诉人不仅能改进自己在工作中的不足，而且很多情况下，被投诉者和投诉人在沟通的过程中建立了深厚的友谊。

在华为，人力资源部是"人力资源委员会"的秘书机构，这除了对它权力的界定外，还有一个用意就是"服务"。但凡比较重要的制度，人力资源部首先想到的是如何让员工更好地理解，他们通常情况下会仔细研读，揣摩出其中的精髓，然后由相关人员通过电视会议或者亲自到各地给华为的员工宣传和讲解；但凡稍微复杂一点的表格，人力资源部都会和相关部门进行沟通协调，为你设计好一个模板让你参考；会议还没开始时，投影仪的光已经打到墙上，主持人已经把电脑和话筒调试到了最佳状态。

在华为，一个给客户的技术讲座或一个时间紧急的报价，行政人员齐上阵，一夜不眠做出大量精美的资料。仅就市场资料而言，华为就会领先对手一步。

华为的员工可能都有过这样的经历，在出差前只要给当地的华为办事处打一个电话，告诉秘书你所属的办事处和需要预定的房间数，那边的工作人员马上就会和当地华为的签约酒店取得联系，办好一切入住手续后，会在第一时间给你回电话，向你通报预定的相关信息。如果顺利，这个程序在10分钟内就会完成，而且整个过程中，对方决不会过分追问你的底细。

此外，各个驻外机构都会有一本由华为总部统一编印发行的"行政指南"。在那本精心准备、定期刷新的好几十页的小册子中，你会一目了然地看到全省各地的华为签约酒店、景点指南、酒吧、咖啡厅，还有各类躲在旮旯胡同里的火锅店、鸭头店、烧烤店。这项举措大大方便了华为在全国各地的员工。因此华为在北京、上海、杭州等旅游城市的驻外机构，几乎成了全国、全世界华为人、华为客户的"旅游服务中心"。

在华为，领导们的客户服务和团队意识十分强烈，也非常宽泛。他们可以在恶劣的天气里一站几个小时迎接客户，也可以自己开车去取要帮同事送的东西，主动给下属倒水。华为的文化告诉他们，下属是内部的客户，内部客户和外部客户都是上帝。

正是华为这种团结合作的强大文化，有效地弥补了一部分因华为组织庞杂、流程不畅所产生的"内部公关文化"。所以，在这种人与人之间和谐相处、制度化保障的团结互助的氛围中，华为能够较快地取得了比别的公司更大的成就。

第六节　"重装旅"

华为有 22 个"重装旅"（即地区部）、100 个"陆战队"（即代表处）。其中"重装旅"负责资源整合和配置，也就是输送"炮弹"；陆战队负责了解客户需求和市场开拓，也就是"定点爆破"，华为公司的市场冲击力和杀伤力令人叹为观止。

"重装旅"在一线呼唤炮火的命令下，以高度专业化的能力，支持一线的项目成功。"重装旅"集中了一批专业精英，给前线的指挥官提供及时、有效、低成本的支持。

2011 年 2 月 23 日，云南移动公司决定由华为来改造丽江的 GSM 网络，并要求在 45 天内搬迁这个已经运营 16 年的网络。

客户需求就是命令。华为昆明代表处随即向中国区呼唤炮火：客户受累原网久矣，急需突破发展瓶颈，为四方宾客打造一张高质量的网络，项目同时面临友商直接竞争，请"重装旅"予以支持。

一时间，来自华为中国区移动项目管理部、网络部署部、上海技术支持中心等各"重装旅"资源池的项目管理专家、产品专家以及技术专家数十人像蜂群一样，齐聚丽江。

2 月 25 日，丽江移动综合楼 6 楼人头攒动。一下看到这么多陌生的面孔，客户很惊讶："没想到你们的人集结这么快！"

在客户和合作伙伴的鼎力合作下，4 月 10 日，项目组提前 5 天完成所有站点割接，网络质量大幅提升，将一张崭新的 GSM 网络呈现在客户面前。

最终，客户给出了如下评价：这次项目成功，最关键的是团队力量，是精神铸就了奇迹。有的华为工程师开工后累得直接蜷缩在设备箱里睡着了，这种在长征中才出现的镜头，将成为人生中最难忘的记忆。

第七节 终结个人英雄主义

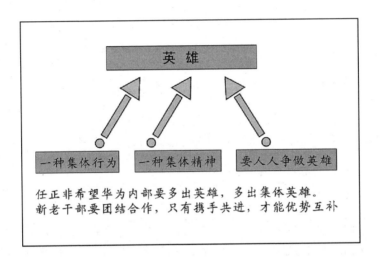

任正非希望华为内部要多出英雄，多出集体英雄。
新老干部要团结合作，只有携手共进，才能优势互补

在军人出身的任正非的人生字典里，"英雄"无疑是意义非同一般的概念。华为能从无数的诱惑、坎坷、教训中走过来，能从漫长的"冬天"里挺过来，应该要归功于任正非及在他带领下的以"群狼"自诩的华为人，他们拥有一种英雄式的悲壮的牺牲精神。

任正非曾经这样说过：让有成就欲望者成为英雄，让有社会责任者（指员工对组织目标有强烈的责任心和使命感）成为领袖。基层不能没有英雄，没有英雄就没有动力。

1997，任正非在市场前线汇报会上作的题为《什么是企业里的英雄》的讲话中说道："什么是英雄，人们常常把文艺作品、影视作品中的人物作参照物。因此，在生活中没有找到英雄，自己也没有找到榜样。英雄很

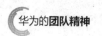

普通，强渡过大渡河的英雄到达陕北后还在喂马，因此，解放初期，曾有团级马夫的称谓。毛泽东在诗词中说过'遍地英雄下夕烟'，他们是农民革命军，那些手上还有牛粪、风起云涌投入革命的农民。"

什么是华为的英雄，是谁推动了华为的前进。任正非表示，不是一两个企业家创造了历史，而是70%以上的优秀员工，互动着推动华为的前进，他们就是华为真正的英雄。"如果我们用完美的观点去寻找英雄，是唯心主义。英雄就在我们的身边，天天和我们相处，他身上就有一点值得您学习。我们每一个人的身上都有英雄的行为。当我们任劳任怨、尽心尽责地完成本职工作，我们就是英雄。当我们思想上艰苦奋斗，不断地否定过去；当我们不怕困难，愈挫愈勇，您就是您心中真正的英雄。我们要将这些良好的品德坚持下去，改正错误，摒弃旧习，做一个无名英雄。"

在多次的动员会上，在任正非讲话中"英雄"、"豪杰"等词汇频繁出现。这一个时期，华为各阶层员工团结成一支狼虎之师，所到之处，所向披靡。如果说任正非把华为当成一支部队、一支英雄之师进行攻城略地，也是不为过的。

可以看出，任正非的"英雄主义"并不是个人的"英雄主义"，他强调的是集体英雄。

"公司的总目标是由数千数万个分目标组成的，任何一个目标的实现都是英雄的英雄行为所为。我们不要把英雄神秘化、局限化、个体化。无数的英雄及英雄行为就组成了我们这个强大的群体。我们要搞活我们的内部动力机制，核动力、油动力、电动力、煤动力、沼气动力……它需要的英雄是广泛的。由这些英雄带动，使每个细胞直到整个机体产生强大的生命力，由这些英雄行为促进的新陈代谢，推动我们的事业向前进。"

任正非希望华为内部要多出英雄，多出集体英雄。新老干部要团结合作，只有携手共进，才能优势互补。英雄是一种集体行为，是一种集体精神，要人人争做英雄。

任正非希望大家不要做昙花一现的英雄。虽然华为公司确实取得了一些成就，但是当大家想躲在这个成就上睡一觉时，英雄之花就凋谢了，凋谢的花能否再开，那是很成问题的。在信息产业中，一旦落后，那就很难追上了。

然而，从1998年做了《昙花一现的英雄》和《狭路相逢勇者胜》讲话之后，任正非的文章和讲话很少出现"英雄"字样。

任正非希望华为的发展壮大不再依靠一两个"超人"式的英雄，而是要依靠一个职业化的团队。这个团队即便有一两个人离开，也不会妨碍它向前迈进的步伐。

少年天才李一男在华为的发展史上曾发挥过不可忽视的作用，他的少年得志的传奇经历，至今仍令人艳羡不已。2000年，李一男在"内部创业"的运动中离开了华为，自立门户创立了北京港湾网络有限公司，与任正非的关系从师生转为对手。2003年港湾遭遇残酷竞争，业绩出现滑坡；2005年港湾上市融资之路受阻，与西门子的并购方案破裂；2006年，浪子回头，李一男带着他的港湾回归华为。一个人，十几年的人生起伏，在行业中掀起无数的猜测、感慨，恐怕也是因为这个主角是李一男，是出自华为的李一男。

后来有媒体这样评价："任正非和李一男都是英雄，英雄应该是惜英雄的。港湾没有卖给别人，而是卖给了华为，我相信冥冥之中，任正非和李一男的心在靠近！"

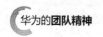

应该说李一男和郑宝用这些华为早期的功臣，都是华为企业史上不可忽略的"英雄"、"开国元勋"。在 2000 年之前，任正非曾在多次讲话中，以郑、李为模范，号召销售战线、研发部门等向他们学习，希望公司能培养出更多的李一男和郑宝用。

在经历了李一男出走事件后，华为又经历了倚重为左右手的郑宝用的卧病不起。虽然经过救治没有了生命危险，但郑宝用已经不能再像从前那样拼命地投入工作。这一事件进一步促使任正非深入思考建立起"不依赖个人的制度"的必要性。

此后，华为加大了对职业化进程的推进，全面引进国际管理体系，包括职位与薪酬体系，以及英国国家职业资格管理体系（NVQ）、IBM 的集成产品开发（IPD）及集成供应链管理（ISC）等。2004 年，华为成立了EMT（经营管理团队），由董事长、总裁及 6 位分管不同领域的副总裁组成。华为 EMT 构成群体决策的民主机构，推行轮值主席制，由不同的副总裁轮流执政，组成每月定期商讨公司战略决策的内部议会制，个人英雄的时代彻底宣布落幕。

任正非有一段话很好地总结了华为个人英雄时代的终结及新的职业化时代的开始："我们需要组织创新，组织创新的最大特点在于其不是一个个人英雄行为，而是要经过组织试验、评议、审查之后的规范化创新。任何一个希望自己在流程中贡献最大、青史留名的人，他一定就会形成黄河的壶口瀑布、长江的三峡，成为流程的阻力。"

华为强调集体主义和团队作战，"胜则举杯相庆，败则拼死相救"。在华为各级主管的述职报告中，主管不能大肆渲染自己的功劳，而必须强调团队的作用。

新东方：集体英雄主义

在中国最近十几年的英语培训市场上，还有一个英语培训品牌堪称奇迹，那就是"疯狂英语"。疯狂英语的创始人李阳凭借自己独创的喊话式英语学习法，也曾经在大学校园里流行过几年时间。但是李阳的疯狂英语品牌却并没有带来同新东方一样的财富。

曾有人问新东方董事长俞敏洪，你和李阳有什么不同？俞敏洪说道，他是个人英雄主义，我是集体英雄主义。

李阳自己反思疯狂英语的商业模式时说："新东方有数千全亚洲最顶尖的英语老师，而我只是一个老师，差得太远了！"面对媒体记者谁将是新东方新的三驾马车的提问，俞敏洪说道："一个学校的项目发展不能靠某一个人的魅力。新东方每个人都是天才人物，都是别人无法替代的。"

俞敏洪指出，人的生命的道路，其实是很不平坦的，靠你一个人绝对是走不完的，这个世界上只有你跟别人在一起，为了同一个目标，一起做事情的时候，才能把这件事情做成，一个人的力量很有限。但是一群人的力量是无限的，当五个手指伸出来的时候，它是五个指头，但是当你把五个手指握起来的时候，它是一个拳头。未来除了是你自己成功，一定要跟别人一起成功，跟别人团结在一起，形成我们，你才能够把事情做成功。

　　随着新东方不断发展壮大，职业化、规范化的改革坚定不移，新东方就必然也必须告别"个人英雄主义"时代，而着手打造具备国际化眼光和职业化心态的精英团队。一个国际化、现代化的新东方的成功将不再依赖于几个"个人英雄"，而要依靠团队的智慧和力量，依靠正规的现代企业管理方法，依靠科学合理的制度流程，依靠创新进取的企业精神与文化。

　　俞敏洪表示，过去自己一个人演独角戏时，各种成功与荣耀都集中在自己身上，自己也可以一言九鼎。但是当组织结构不断扩大，仅靠一个人的力量无法完成整个机构的运转时，吸取他人的意见和建议成为管理成功的关键。每个管理者都希望成功，任何一个优秀的同事也渴望成功，让更多的优秀同事享受你让渡的荣耀是团队凝聚力形成的重要原因之一。

　　俞敏洪意识到，培训行业这个门槛要求相当低，任何一个懂点英语的人在家里开一个培训班就可以拿到一个注册学校的资格执照。所以，新东方的成功是一个团队的成功，因而也就具备了很大的竞争力。

　　俞敏洪说："我有一个比喻，就是新东方即使是一头大象，但是当面对一群狼攻击的时候，大象就会有困难，尽管狼咬不死大象，但是大象行动起来就会有困难。所以我觉得新东方不应该成为大象，应该成为一群能够共同合作、共同互相奋斗的狮子，或者说是一群狼，这样它的战斗力会更强。"

　　虽说新东方有三驾马车之说，但俞敏洪认为，如今，新东方已经千军万马了，三驾马车的说法已经过时了。"2006年10月16号是新东方的13周年的生日，我们开了一个全国性的视频会议，新东方的几千个员工同时参加，王强在这次会上说了一段话，我当时觉得挺有意思的。他说，新东方的三驾马车，刚开始是谁呢，是俞敏洪加上他老婆、加上他老妈，一匹公马带着两匹母马干，现在他俩来了，三匹公马一起干。"

"还有一种说法就是俞敏洪还没有走，还有两位帮他一起干，就是新东方的首席财务官路易斯·荷西（Louis T Hsieh），加上陈向东两位，他们也算是三驾马车。"

"但是整个概念是新东方已经是千军万马了，高级管理者是上百个了，从副总裁到总监，老师上千个，员工上千个，加起来是四五千人一起干新东方。为了新东方共同的目标，当然为了每一个人在新东方有更大的发挥，并且自己的生活能过得更好，所以应该不是三驾马车的概念，我个人的感觉已经是千军万马的概念了，新东方度过了一个人才缺乏期，并且新的人才更能打通道路，我们已经走进新的时期。"

在外界看来，俞敏洪、王强、徐小平被称为新东方的"三驾马车"，"三驾马车"被证实是新东方完成企业重塑的过渡性产物。

在新东方的"新马车"中，车辆和车轮主要还是过去的班底，驾驶它的人少了王强和徐小平，但多了周成刚、陈向东和谢东莹；指挥"新马车"行驶的，还有来自老虎环球基金的陈晓红，而且从架构上看，属强势力量。

俞敏洪习惯把现在的成绩归功于团队，称上市就是被团队逼出来的，并认为：

新东方的每次飞跃都离不开人才的进入。

新东方的"第一梯队"有两次飞跃：

1996~2000 年第一次飞跃代表人物王强、徐小平、包凡一：他们各施所长，建立起迄今为止新东方的许多优势项目。

2000~2003 年第二次飞跃代表人物周成刚、李国富、胡敏：他们建立起新东方的分校体系。

"第二梯队"经历了第三次飞跃：

2004年第三次飞跃：一批专业化、职业化管理人才，分布于目前新东方教育科技集团的财务、审计、公关等部门。

俞敏洪说："虽然我们都退出了一线，但我们第一梯队还是新东方精神上的领袖人物。我们对新东方的核心竞争力更着迷，更执著于新东方的人文精神。第二梯队则更加务实些，精神上的力量相对弱一些。现在我们正在培养未来精神与物质合一的第三梯队，既要有现代化的管理，又要有强大的人文精神。"

HUAWEI

第四章

提升团队的战斗力

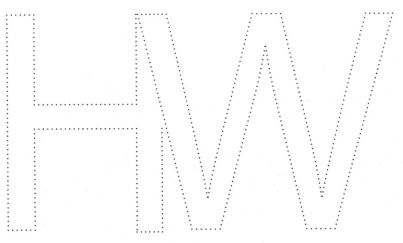

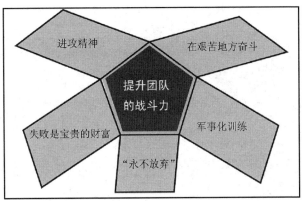

进攻精神

在艰苦地方奋斗

提升团队
的战斗力

失败是宝贵的财富

军事化训练

"永不放弃"

HUAWEI DE
TUANDUI JINGSHEN

第一节　进攻精神

狼群有着不屈不挠、奋不顾身的进攻精神，不达目的决不罢休的姿态——再强大的对手也有它的弱点，只要坚持不懈必有收获。一旦下定决心，狼群的追杀便是被猎者的催命符，很少有猎物能从狼嘴下脱身，狼不懂什么时候该停下来，这种不达目的决不妥协的本性，让每一个对手震撼。

任正非在他的一次题为《华为的红旗到底能扛多久》的讲话中提到："企业要想前进，就是要发展一批狼，狼有三大特性，一是敏锐的嗅觉。二是不屈不挠、奋不顾身的进攻精神。三是群体奋斗。"

其实，从华为的实践来看，华为特殊的狼性精神实质就在于追求卓越的进攻精神，这是华为"狼性"的核心。因为在目前的这些中国企业里，能够做到迅速抓住商机和群体团结奋斗的不在少数，但是能够像华为这样富于进攻精神的却十分少见。从华为的各种表现中，我们可以很明显地感受到这种精神存在的强大影响力。

当还是深圳南山区南油工业区一栋七层高的破旧大楼五楼里的一个小公司的时候，华为便将自己定位于"世界一流的电信设备供应商"。在后来的《华为基本法》中进一步明确到："华为的追求是在电子信息领域实现顾客的梦想，并依靠点点滴滴、锲而不舍地艰苦追求，使我们成为世

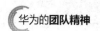

界级领先企业。"《华为真相》的作者程东升曾对华为起家时租用的那栋旧楼有如下的描述:"那栋大楼每一层实际上都是仓库型的房屋。华为公司当时就占用了十多间仓库。在仓库的另一头用砖头垒起墙,隔开一些单间,员工就住在这些单间里。仓库很少有窗户,这些隔开的单间更是没有阳光,隔墙只垒了一人高,顶上是空的,方便空气流通及采光。"在这么简陋的条件下,提出那样的目标,在许多人看来应该是像我国其他许多民营企业那样患了狂躁症。然而,今天摆在我们面前的事实是华为做到了,华为成了世界顶级电信设备供应商们的梦魇。

客观地说,华为在很多方面的想法和同时代的通讯企业差别不大。但是与那些企业不同的是,华为在说了之后,马上就能表现出一种不断追求卓越的进攻精神,并且一步步去努力实现这一目标。不论是 C&C08 机的研制,还是七八年都没有获得任何利润却仍然投入巨资持续开发的 3G,华为表现出来的是一种一旦瞄准目标,就会一步一步,脚踏实地,不达目的誓不罢休的精神。而与此同时,其他企业更多表现出来的则是一种狂躁的冒进。比如,三株曾在《人民日报》上刊出的第一个"五年规划"中的目标为:"1995 年达到 16 亿至 20 亿元,发展速度为 1600% ~ 2000%;1996 年增长速度回落到 400%,达到 100 亿元;1997 年速度回落到 200%,达到 300 亿元;1998 年速度回落到 100%,达到 600 亿元;1999 年以50% 的速度增长,争取 900 亿元的销售额。"这样的目标加上"向前切入销售,向后切入科研"的方式,使三株开始了盲目多元化的经营。其将产业触角延伸到了医疗、精细化工、生物工程、材料工程、物理电子及化妆品等六大行业。短短四年间,母、子、孙公司管理层扩张了 100 多倍,这也成为三株最后迅速衰落的深层次原因。在华为的发展中显然没有这么疯狂的举动。

在上述比较中可以看出，华为的成功所依靠的是追求卓越、脚踏实地的进攻精神，这种精神使得它步步为营，从点滴处入手，逐个打败竞争对手。华为就是用实际行动瞄准业界最佳，向朗讯、贝尔实验室、西门子、阿尔卡特、爱立信、诺基亚靠拢，努力在跟随中赶超。根据发展现状，华为目前制订了一个将电话交换机与接入网产品达到世界级领先水平的计划，通过完成这个计划，华为将跻身第一流的窄带通信设备供应商行列。

可以说，华为全方位的进攻精神已经渗进其经营和管理的各个方面，华为的人海战术，就是华为文化中全方位进攻战略的一个突出表现。这种人海式的营销方式使得人们几乎能够在任何可能存在业务的地方看到华为营销人员的身影。

举个例子来说，在我国，县局一级的邮政机构一般都无订货权，但在建设计划的上报、设备的选型、组网配置等方面，县局还是具有一定推荐权的，且设备的最终使用者还是县局，所以县局的意见市局会做相应考虑。这点华为当然不会忽视，在华为的营销人员看来这就是可能使业务达成的一个有力的影响点。因此，与华为有业务往来的每个县局都有华为的销售人员蹲点，目的只有一个，就是与用户保持沟通，了解用户的网络情况，建设规划，并与用户一起规划网络，并能及时解决在使用设备时的各种问题，而这些恰恰是其他厂家特别是国外厂商所无法做到的。

华为的营销团队为了能够达成业务，总是在尽力拉近和顾客的关系，其方式之多，让人叹为观止。在《华为真相》中就曾提到："为了能和客户搞好关系，有的华为员工能够冒充别的企业的人，从机场把对手的客户接到自己的展厅里；能够比一个新任处长的朋友更早得知其新的办公地址，在他上任第一天将《华为人报》改投到新单位。"

此外，为了争夺对手的地盘，华为的销售团队往往会被授意采取猛烈的价格进攻，采取一切可能的手段打击对手的利润和销售目标，阻挠其在该市场的进展，逐步取而代之。

华为这种进攻精神在任正非身上更是得到了突出的体现。当初，华为靠代理其他企业的交换机有了自己的第一桶金，任正非就毅然决然地把全部资金投入到数字交换机的研究开发上，当研发中出现资金不足时，任正非竟冒险向大企业拆借利息高达 20% ～ 30% 的资金继续跟进。任正非当时的态度就是："如果研发失败，我只有从楼上跳下去。"这件事充分显示出了任正非身上的进攻精神。或许也正是任正非的这种表现更加刺激了华为的进攻性。

在华为团队的身上，进攻精神随处可见，但其中有一点最能体现出华为的这种文化内涵，这就是华为集中最优秀的资源不断主动向比自己实力强大的竞争对手发起挑战的压强原则。

在《华为基本法》第二章基本经营政策中第二十三条规定"我们坚持'压强原则'，在成功关键因素和选定的战略生长点上，以超过主要竞争对手的强度配置资源，要么不做，要做，就极大地集中人力、物力和财力，实现重点突破"，"对优秀人才的分配，我们的方针是使最优秀的人拥有充分的职权和必要的资源去实现分派给他们的任务"。

华为是这么说的，也是这么做的。任正非在一篇名为《迎接挑战，苦练内功，迎接春天的到来》的讲话中提到："海外市场有很大的前景，到海外去。从非洲抽调一些英勇善战的有经验的员工补充到欧洲和东太平洋地区部，再从国内调一些人到非洲。"这就是华为把优势资源集中使用的典型事例。

在英国电信的竞标中，华为敢于和众多世界一流的通讯厂商同场竞技，并最终凭借自己的实力脱颖而出。由此可以看出，追求卓越的进攻精神已深入到华为的方方面面。

事实上，也正是在这种追求卓越的进攻精神的驱使下，华为才能够紧紧把握住时代发展的命脉，由一个市场的追随者经过一步一步地提升，以大于年销售收入 10% 的研发投入实现并努力保持于行业的领先者位置，而且，通过无依赖的市场压力传递，使内部机制永远处于激活状态，终于演变成以"经营客户"为核心理念的国际化 IT 厂商。这确实可以说是一个了不起的成就。

第二节　在艰苦地方奋斗

从 20 世纪 90 年代中期，中国通信市场竞争格局也在悄悄发生改变，国内、国际市场的竞争更加激烈。国际市场萎缩，影响了中国企业拓展海外市场，同时海外通信设备巨头在国外出现需求紧缩的情况下转而加大对中国的攻势，给华为等国内通信设备企业造成很大的竞争压力。几乎与此同时，华为就开始了海外业务的拓展，对于刚刚在国内市场站稳脚跟的华为，风险和挑战可想而知。

华为有 10 多万名员工，其中海外员工大概有两三万人，每天在空中飞行的华为员工大概有 1400 人。可以说，华为的国际化之路一直伴随着汗水、泪水甚至是殉职。2008 年，在国际金融危机冲击下，爱立信等世界电信巨头业绩纷纷滑坡，而华为全球销售收入同比增长 42.7%。没有华为员工"忘我努力的工作"，以及众多华为团队成员在海外的艰辛奋斗，取得这样的业绩是不可想象的。

在非洲等地，华为团队需要面临更多方面的压力。据华为一位在非洲工作的员工讲述，他所在的办事处在过去的两年时间里，一共被洗劫了两次，外加一次洗劫未遂，而歹徒每次都是"一锅端"，除了内裤什么都没留下。在非洲工作的同事还要时刻对抗另一种天灾——疟疾，一旦染上重则有生命危险，轻则会给以后的健康埋下祸根。当然，这都只是华为海外员工的缩影而已。

任正非说："中国是世界上最大的新兴市场，因此，世界巨头都云集中国，公司创立之初，就在自己家门口碰到了全球最激烈的竞争，我们不得不在市场的狭缝中求生存；当我们走出国门拓展国际市场时，放眼一望，所能看得到的良田沃土，早已被西方公司抢占一空，只有在那些偏远、动乱、自然环境恶劣的地区，他们动作稍慢，投入稍小，我们才有一线机会。为了抓住这最后的机会，无数优秀华为儿女离别故土，远离亲情，奔赴海外，无论是在疾病肆虐的非洲，还是在硝烟未散的伊拉克，或者海啸灾后的印尼，以及地震后的阿尔及利亚……到处都可以看到华为人奋斗的身影。我们有员工在高原缺氧地带开局，爬雪山，越丛林，徒步行走了 8 天，为服务客户无怨无悔；有员工在国外遭歹徒袭击头上缝了三十多针，康复后又投入工作；有员工在飞机失事中幸存，惊魂未定又救助他人，赢得当地政府和人民的尊敬；也有员工在恐怖爆炸中受伤，或几度患疟疾，康复后继续坚守岗位；我们还有三名年轻的非洲籍优秀员工在出差途中飞机失事不幸罹难，永远地离开了我们……"

　　任正非感慨道，华为的国际化，伴随着汗水、泪水、艰辛、坎坷与牺牲，一步步艰难地走过来了，面对漫漫长征路，华为还要坚定地走下去。

　　华为巴基斯坦代表处作为华为海外最大的代表处，员工超过千人，本地化程度高。代表处的华为员工们认为，工作的确是很艰苦，但也获得了更多的经历及体验。比如，在1494号站附近，据说那是巴基斯坦最热的地方。有一次，代表处员工的车开到水里去了，员工们就只好下去推车，没有想到水居然非常烫，像开水一样；在山顶上，能欣赏到在地面、峡谷刮起的龙卷风，由远及近，有时会同时看到四五个龙卷风，飞沙走石，场面非常壮观。这些都是工作给华为员工带来的奇妙经历。

　　面对艰苦的环境和高强度的工作压力，华为人没有被吓倒，而是以一种乐观、积极、自然的心态去面对，并从工作、学习、奋斗、追求、进步中去领悟自己的那份成就感与幸福感。

　　华为内刊《华为人》上，一位曾在阿尔及利亚工作的华为人记述着这样一个故事："生活是美好的，前途是光明的，但道路是坎坷的。在阿尔及利亚，工作之外最困难的是衣食住行。

　　"第一次来阿尔及利亚，走在去 Annaba 的路上，忽然来了两辆警车，一前一后地把我们夹在中间往前走。我觉得很惊奇，出了什么事吗？同事笑着对我说，不要惊慌，在这里，他们是接到信息后专门来保护外国友人的。哦，原来如此。一路上，警车开道，好不威风！到了目的地，当我们一定要请警察兄弟们吃顿饭时，他们却礼貌地拒绝了，把我们交接给当地警方后，很快就回去了！真是让人感动至极！

　　"当我和大家谈起这件事时，一位在阿尔及利亚生活工作了多年的朋友说，以前在首都，我们去买菜，警察都是派车来保护的。啊，可爱可亲的阿拉伯兄弟！慢慢地，我才知道，中国和阿尔及利亚有很好的邦交关系，上世纪 50 年代，中国就与阿尔及利亚建立了外交关系，目前已经有近半个世纪的情谊了！

"饮食上，很多同事都不习惯，我们吃惯了'中国菜'，在这里，只有'棒子'面包、Pizza 和沙拉了，很多同事甚至还更愿意吃国内带来的方便面。

"以前，阿国物品极不丰富，想买东西，很难买到。尤其到了冬天，这里的蔬菜更少，偶尔可以从中国建设集团的工地上买到'老干妈'，立即觉得生活质量上了一个档次。近一年，情况有了较大改观，一方面公司总部每两月会给我们寄一些慰问品，一方面阿国北部有了几个小菜市场，代表处也优化了食堂，在饮食上，大家觉得比以前好得多了。闲来无事时，我们也从网上搜索一两个喜欢吃的菜名来，自己尝试做两个中国菜，打打牙祭！有同事笑着说，吃了自己做的菜，半年不想家了！

"同时，我们积极地融入到当地生活中，经常在周末和本地员工、当地朋友来一个烧烤，或者邀请客户打场篮球、踢场足球。生活在不断地更新、变化着，我们深深地感受到了阿拉伯民族的友好和热情，每到一处，都能感受到主人的地主之谊。闲暇之余，和他们一起谈天说地，一起吃手抓羊肉品尝咖啡，一起感受沙漠的深奥，一起欣赏地中海风情。"

在 2006 年的刚果（金）首都金沙萨。由于不接受总统选举落败的结果，副总统本巴的卫队与总统卡比拉的卫队发生了武装冲突。战事最激烈的时候，华为员工所在的宿舍楼被交战双方包围了起来。办事处三十多个工作人员来不及撤离，全部被困住了。他们无计可施，只能自祈多福，希望火炮不要打偏了。

任正非曾说："你们要加快自己成长的步伐，在艰苦的地方奋斗，除了留下故事，还要有进步。""不要说我们一无所有，我们有几千名可爱的员工，用文化连接起来的血肉之情，它的源泉是无穷的。我们今天是利益共同体，明天是命运共同体。当我们建成内耗小、活力大的群体的时候，当我们跨过这个世纪，形成团结如一人的数万人的群体的时候，我们抗御风雨的能力就增强了，可以在国际市场的大风暴中搏击。"

第三节　军事化训练

在美国有这样一种说法，最大、最优秀的商学院，不是哈佛，不是斯坦福，而是西点军校。《美国商业年鉴》的资料显示，二战以来，在世界 500 强企业里，西点军校培养出来的董事长有 1000 多名，副董事长有 2000 多名，总裁有 5000 多名。

军事文化是军队建设的灵魂和巨大精神动力，也是军队战斗力形成的文化根基。如果说 20 世纪 60 年代的私营企业内部实行军事式文化是因为当时全国的大环境所致，那么到了 21 世纪，地处深圳的华为依然秉承了军事式文化的很多内容，成为全国罕见的倡导军事文化的企业，其原因只能归结为任正非的个人情愫和华为的特定背景。

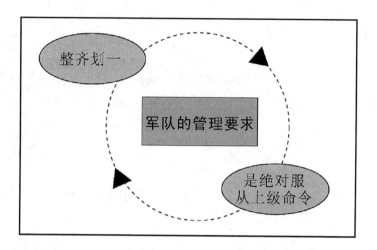

出生于 1944 年的华为总裁任正非，经历了大跃进，经历了动荡的"文革"年代，像那个时候的很多人一样，心中始终对毛泽东有着无限的尊敬与崇拜。而且，任正非在部队服役期间，由于对毛泽东的军事理论、群众路线、矛盾论和辩证唯物主义等思想有着深刻的理解，还曾获得"学毛标兵"的称号。

创立了华为之后，任正非更是在公司的各种场合无数次地引用毛泽东的诸多军事思想和原理论述。一名与任正非接触多年、并对其管理思想作过一些研究的华为高层团队人士认为，《毛泽东选集》是任正非百读不厌的书，其讲话、办事、为人处世的态度和做事方法都带有浓厚的毛泽东风格和特点。可以说，华为的管理思想基础，就是毛泽东思想在企业中的"活学活用"。

的确，毛主席是一个英明而伟大的领导者，特别是他的一整套军事思想更是令人赞叹。这也往往是他影响后人最深远的地方。在他的这种影响下，不仅是任正非，我国大多数出生在 20 世纪五六十年代的民营企业家都自觉不自觉地把毛主席的一些思想运用到经营管理当中来。比如着力打造军区化区域管理模型的三株老总吴炳新，硬是将三株的组织形态转变成一种集西方事业部和中国解放战争时期军队建制于一体的杂交物。

毛泽东在《矛盾论》中说道："所谓平衡，就是矛盾的暂时的相对的统一。过了一年，就整个来说，这种平衡就被矛盾的斗争所打破了，这种统一就变化了，平衡成为不平衡，统一成为不统一，又需要作第二年的平衡和统一。要采取积极平衡的方针，发挥人的主观能动性，解决不平衡的问题。"矛盾不断出现，又不断解决，就是事物发展的辩证规律。

军人出身的任正非，其企业管理思想的基础，就是上述毛泽东的唯物辩证法。而对于辩证法的核心——对立统一法则，即矛盾法则，任正非更是有着深刻的理解，并灵活运用于认识企业这一客观事物的原则和方法，因此华为文化的一个特色就是时刻散发着一种军事式文化气息。

就拿华为每年招聘大学生来说，到华为报到后，这些天之骄子无一例外都要进行至少为期 5 个月严格的封闭式培训，而这其中有一个月完全是单纯的军事训练。负责训练的教官全部都是优秀的退伍军人，而且很多都是国旗班退役的军官。华为的这种训练，不像员工以往在中学或是大学中所接受的军训那样随意，一切都是按照严格的军事标准进行的。比如说，在训练的开始，每个人都会有一个 20 分的基本分，然后根据个人的表现或加或减。在训练结束时，按一定的比例进行低分淘汰。凡是在训练过程中遭到淘汰的员工将被辞退。在训练期间的各项要求中，华为对于时间的要求是十分严格的，它规定每天要点四次名，每次点名迟到扣 3 分。一向散漫的大学生在这种军事化的训练过程中不知不觉就树立一种绝对守时的观念。

有人会觉得这样严格的管理没有必要。但是任正非认为，凡是守时的民族都是在世界舞台上强大的民族。比如最守时的德国，在两次世界大战中战败，但每次却都能够在战后几十年里再次迅速强大起来，又成为世界强国。正是在这种类似于军事化的守时观念的影响下，华为在 2002 年与思科竞争一个合同金额达几千万的全国电力调度网项目中胜出。原因很简单——思科代理商交标书晚了 5 分钟，废标了。这些可以说就是华为军事式文化在华为所起的良好作用的最佳体现。

在对华为团队新成员进行军训的过程中，华为有过这样一条规定，若某一个人迟到，和他紧邻的两个小组成员和小组组长都要受罚。华为的理由是你们属于一个团队，就有相互帮助的责任，这样才会在以后工作中形成团结协作的习惯。通过这种意识的灌输，华为许多员工的合作意识都非常强，这也就是为什么华为能够应用好系统原理的缘由之一。

华为的军事式训练还表现在其特有的纪律性上。中国人在世界上被公认有一个缺点，就是纪律性差。举个例子来说，每次观看国际比赛，华人聚集的地方总是留下垃圾最多的地方。但是在华为，召开几个小时员工大会、演讲或报告，其间没有响一声呼机或手机。散会后，会场的地上也是干干净净，几乎没有留下一片垃圾。

充分发动和调动群众的积极性，这也是毛主席经常使用的策略之一。华为最著名的一次群众运动就是 1996 年华为召开的集体辞职大会，从市场部总裁到各办事处主任，无一例外要向公司提交两份报告——述职报告和辞职报告，一切归位于零，接受公司的再挑选。这次运动成为华为一次有名的管理创新。

华为的"群众运动"还表现在一些日常细节中。例如华为召开员工大会之前，经常会号召大家合唱《团结就是力量》、《解放军进行曲》等革命歌曲，以此来激发员工产生饱满的情绪。这种事情，在军队管理上和在过去大搞群众运动时是很一般的事，但在现代公司管理的角度看来就是比较奇怪的事了。在华为许多次类似这样的场面中有一次比较特殊，那是1998年，在一次年终会议上，市场部在公司的大食堂里合唱《解放军进行曲》。由于时间紧张，市场部事先没有排练，舞台上又没有扩音设备，市场部的人只好扯着嗓子唱。当时在台下观看的任正非听着听着就激动起来，站起身也跟着唱开了，接着是所有到场观看的员工也都高歌起来。一时间，饭堂里歌声飞扬，声震四方，场面颇为壮观。

军队的管理要求的是整齐划一，是绝对服从上级命令。然而一个企业的发展，远没有这么简单。在企业发展初期，由于这个团体是新组建的，可能需要更多的纪律性，需要更多的士气。但当一个企业发展到一定规模之后，它会逐步僵化，难免会使得员工行为上的统一，掩盖了思想意识上的差别和分歧。这时开始需要不断的创造性，只有这样企业才可能有更大的发展。

三株等一批企业就是因为把这种军事化管理的应用范围更大程度地扩大化了，因此使得过度的军事化对其产生了更大的负面作用，从而导致三株整体运营的脆弱化。但是必须指出，华为这种军事化的管理文化和三株等一些民营企业是有差异的，它更多的是通过影响人来实现其激发员工潜力和积极性，促进企业发展。但这也并不是说华为的军事化文化无懈可击，不存在什么问题，譬如在一些事情上，华为要求员工不管有什么想法，都要无条件地执行上级传达下来的命令，这在无形中加大了员工的抵触情绪。因此，华为这种军事化的文化随着华为的发展还需要再加以科学地改造，才能对华为的发展一直起到积极作用。

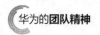

第四节 "永不放弃"

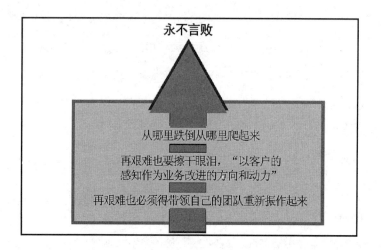

2010年初，叙利亚最大的移动运营商叙利亚电信进行网络改造，这是华为的战略机遇。如能成功，华为将在未来数年的耕耘中取得良好的市场格局；但若竞争失败，又必须再等待几年才有机会。

一时间，华为叙利亚代表处各部门都被调动起来了；而客户的门槛前，也是各路人马涌动，空气中弥漫着"硝烟"的味道，激烈的竞争气氛让人觉得透不过气来。那段时间，叙利亚代表处团队负责人每天晚上做梦都是在拼项目。在代表处异常艰苦的努力下，客户渐渐和华为形成了良好的互动关系。

然而，市场竞争瞬息万变，友商采取了让人始料未及的一步到位的商务条件和交付承诺，以迅雷之势和客户达成一致并封单，赢得绝对份额，而华为却只获得少得可怜的合同。希望与梦想，在冷冰冰的现实面前破裂。

　　这一切来得太快太突然，代表处所有人几乎不相信这是真的。面对这样的情况，华为叙利亚代表处团队负责人的心情陷入了谷底："难道就这样完了？"

　　此时的代表处，被失败的气氛所笼罩，团队士气低落。叙利亚代表处团队负责人明白，再艰难也必须得带领自己的团队重新振作起来；再艰难也要擦干眼泪，"以客户的感知作为业务改进的方向和动力"，从哪里跌倒从哪里爬起来，永不言败！

　　面对该运营商严峻的市场形势，叙利亚代表处团队负责人组织代表处成员果断决策，积极进行组织调整，强化面向该客户的"铁三角"运作，重组与客户组织匹配的交付团队，结合公司组织的"网上问题清零行动"，把累计问题，客户不满逐条分析，逐条改进，真正"清零"。

　　叙利亚代表处团队负责人要求系统部所有人员微笑上岗，"大单丢了，小单我们还要做并做好"，决不可流露任何"破罐子破摔"的悲观情绪，"虽然暂时败了，但并未倒下"！系统部服务主管也开始强化对高层客户定期汇报；协调地区部交付主管频繁到访……

　　一系列的动作，一系列实际交付案例的成功，客户的感知开始渐渐地好起来……

　　正当叙利亚代表处团队负责人在地区部参加述职会议之际，叙利亚移动系统部主任打来电话：因友商的过度承诺，交付出现问题，客户希望华为能借 80 套基站救急！

　　叙利亚代表处团队负责人敏锐地意识到，这是稍瞬即逝的机会，并马上购买当天的航班辗转三个国家返回代表处。

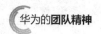

"借与不借，这是个问题？"在系统部需求分析会议上，多数人认为应急客户所急，尽快将基站借给客户，赢得客户信赖的同时并以此作为切入点，一步步争取翻盘的机会。

面临决策，会议上的所有人都把目光投向团队负责人，叙利亚代表处团队负责人说道："接到系统部的电话后，我反复想了很多，也向地区部领导做了汇报，我们认为，咱们不借这 80 套基站，要借就借 2000 套！请大家 2 天内制作出一份整体搬迁解决方案及交付计划，我们要实现从 0 到 100% 的扭转！"

在机关、地区部集中支持下，2 天后，一份来自华为的 Offer 已经摆在了客户的办公桌上，精准的 Offer 条条切中了客户的需求。经过仔细评估，客户重新选择了华为！华为一举成为该运营商最重要的战略合作伙伴。

第五节　失败是宝贵的财富

成功了，总结我们成功的地方，下一回发扬光大

失败了，总结我们错误的地方，下回不再犯同样的错误

最重要的学习技能是总结能力

通过每一次总结，不断修正我们的方向

只要不断地修正方向，我们肯定会成功

在美国商界流传着这样一句话：一个人如果从未破产过，那他只是个小人物；如果破产过一次，他很可能是个失败者；如果破产过三次，那他就完全有可能无往而不胜。

任正非鼓励华为团队向世界强敌学习，与他们面对面竞争，并允许失败。他认为失败是华为人的宝贵财富，每失败一次，就提升自己一次。失败并不可怕，失败是一种光荣，一个经常失败的人一定会比一个从不失败的人强，因为他拥有勇于创新、勇于突破的勇气。

任正非在创业初期的 1992 年，决定研发 2000 门网用大型交换机设备 C & C08 机。当时，华为的销售额首次突破亿元大关，利润上千万。如果不进行自主研发投入，华为的日子可以过得很滋润。但是，任正非还是将上亿元资金投入到 C & C08 机的研发中，义无反顾地走上了充满风险的自主研发的道路。这对华为来说是第一次也是最大的一次冒险，如果不成功，华为将就此消失。任正非甚至在动员会上无比悲壮地对员工说："这次研发如果失败了，我只有从楼上跳下去，你们还可以另谋出路。"

在经历了无数次的失败，付出了将近 1 亿元的损失后，1993 年华为终于推出了 2000 门网用大型交换机设备 C&C08 机。这是华为里程碑式的进步，从此后华为的发展开始突飞猛进。

在华为团队的干部培养方面，任正非的观念是：既要从成功的项目中发现和培养干部，又要从失败的项目中发现人才。他强调在创业和创新的路上，没有现成的模式可以套用，失败也就在所难免。因此，不能因为怕失败，怕担责任就不进行创新，不再寻求突破。

任正非认为，一定要学会在失败中总结，总结失败的原因，总结别人的优势和自己的差距，重新改进自己的不足后，再向强敌们发起冲锋。

"'总结'这两个字，谁都知道它的意思，但是全世界善于总结的人没有几个。成功了，我们要总结，总结我们成功的地方，下一回发扬光大；失败了，我们也要总结，总结我们错误的地方，下回不再犯同样的错误。通过每一次总结，不断修正我们的方向。只要不断地修正方向，我们肯定会成功。"

郭沫若先生曾于 1921 年写过《凤凰涅槃》，诗序云："天方国古有神鸟名'菲尼克司'，满五百岁后，集香木自焚，复从死灰中更生，鲜美异常，不再死。按此鸟殆即中国所谓凤凰；雄为凤，雌为凰。"任正非表示，"烧不死的鸟就是凤凰"，有些火烧得短一些，有些火要烧得长一些；有些是"文火"，有些是"旺火"。它是华为人面对困难和挫折的价值观，也是华为挑选干部的价值标准。任正非认为，从泥沼里爬出来的才是圣人，烧不死的鸟才是凤凰。在录用干部时，任正非最看重的是这个人有没有经历过重大挫折，并且对于挫折是否有了充分的认识并进行了改进。在他看来，只有失败才能铺就成功，要正视失败，但也要从失败中得到提升。往往是逆境才能去除年轻的华为人身上的缺点和浮躁，才能萃取出其潜在的优点和能力。任正非曾在一次干部培训时讲道："一生走得很顺利的人，你们要警惕一点，你们可能把华为公司拖进了陷阱。人的一生太顺利也许是灾难，处于逆境中的员工注意看，就会发现受挫折是福而不是灾。"

毛生江，1995 年已经是市场部总裁，华为要求市场部全体辞职，重新排队。毛生江从一个公司级的领导被撤下来担任话机事业部的总经理，后又担任山东办事处的主任，业绩良好。1999 年，任正非又重新任命毛生江为华为副总裁，并号召全公司员工向他学习。

任正非希望不管是经受失败还是取得成绩，华为人都应该以平常心去看待。在荣誉与失败面前，平静得像湖水，这就是华为人应具有的心胸与内涵。

"观看一场你在比赛中把对手打得一败涂地的影片，不会让你学到多少东西。"宝洁前首席执行官雷富礼说，"你或许很开心，但不会学到任何东西。只有观看你在比赛中被打得惨败，或在比赛中自以为会赢，结果却失败的影片，你才会真正学到很多东西。在宝洁公司，我们真正深入了解自己做得不好的事情。开会时，讨论重点是描述自己怎么会搞砸，在哪个方面搞砸了以及为什么会搞砸，自己从中学到了什么，下次准备做出什么改变。当人们刚加入公司时，这样做让他们觉得不舒服，因为人的天性是希望谈论哪些事情做得好，但我们仍要坚持下去。"

任正非认为，华为人最重要的学习技能是总结能力，这包括对成功经验的总结，也包括对失败教训的总结。华为人一定要学会在失败中总结，总结失败的原因，总结别人的优势和自己的差距，重新改进自己的不足后，再次向强敌们发起冲锋。

任正非在一次高层会议上提问："我的水平为什么比你们高？"大家回答：不知道。任正非说："因为我从每一件事情（成功或失败）中，都能比你们多体悟一点点东西，事情做多了，水平自然就提高了。"

任正非：没有什么能阻挡我们前进

值此 2009 年的一页将翻过去，新的一年即将开始之际，我代表公司向奋斗在各条战线、各个区域的全体员工致敬，你们辛苦了！特别是对那些还奋斗在艰苦地区、艰苦岗位的员工，我诚挚地表达深深的谢意。你们承载了我们更多的希望，更美好的明天。我也代表公司深深地感谢数十万家属给我们的支持、理解和克制，没有你们的牺牲与奉献，就不会有我们今天的成功，你们辛苦了！

我们 2009 年销售额将超过 300 亿美元，销售收入将达到 215 亿美元，客户关系得到进一步提升。与相应业绩相关的是，做出优秀贡献的员工，今年的收入会有较大的增长，希望你们全家过一个好年，只有你们消费了，前线将士才会感觉到你们对他们的肯定，只有你们花多了，才会激励他们明年更加努力，他们才会倍感劳动光荣，倍感亲人给他们的温暖。记住："不要忘了给爸爸、妈妈洗次脚"，"不要忘了身边卖火柴的小女孩"。

在过去的一年里，我们成功地经受住了考验，我们的员工不愧为这个时代的弄潮儿，在这么极端困难的条件下，创造了这么优异的成绩。"风华绝代总是乱世生"，今年全球绝大多数区域投资都趋下降，一开年各地区部都呈负增长，能实现这样的成绩，怎么不是风华绝代，怎么不是英雄辈出。

在这一年里，中国作为本土市场历史性地突破了 100 亿美元，光传输、接入网，我们走向了世界第一，有力地支撑了公司的发展；3G、LTE 构筑了全球第一的竞争力；路由器走出了困境，实现了与业界竞争力同步；专业服务发展迅速，不仅支撑了公司的高速发展，更实现了自身产业的健康成长，连续三年实现 50% 以上的增长；软件产业走出了停滞不前的状态，连续两年超 30% 的增长；终端持续保持了优良竞争态势；配套件异军突起，掀起了一片光辉的未来；我们成功地在突尼斯铺设了第一条海底光缆。供应链在及时、准确、优质、低成本交付上，打了一系列漂亮仗，以这些关键事件的延展，将更加全面地促进职业化与流程的优化和进步。财经管理已开始全面进步的冲刺，IFS 继续从第一波向第二波纵深展开，完成了 LTC 的流程、组织设计工作，二者将构筑明年的进步。我们对后勤服务进行了改良，我们的行政服务及客户服务有了相当的进步，海外员工的生活发生了很大的变化，在异国他乡，有了家的感觉，吃饱了就不想家，成为当地的服务标志。明年的巴塞罗那展，会看到我们客户服务系统的大进步，到时，请全体海外员工检阅。

我们在这困难的一年，同步展开了组织结构及人力资源机制的改革；改革的宗旨是，从过去的集权管理，过渡到分权制衡管理，让一线拥有更多的决策权，以适应情况千变万化中的及时决策。这种让听得见炮声的人，来呼唤炮火，已让绝大多数华为人理解并付之行动。

我们确定了以代表处系统部铁三角为基础的、轻装及能力综合化的海军陆战队式的作战队形，培育机会、发现机会并咬住机会，在小范围完成对合同获取、合同交付的作战组织以及对重大项目支持的规划与请求；地区部"重装旅"在一线的呼唤炮火的命令下，以高度专业化的能力，支持一线的项目成功。地区部是要集中一批专业精英，给前线的指挥官提供及时、有效、低成本的支持。我们同时借用了美军参谋长联席会议的组织模式，提出了片区的改革方案。片区联席会议要用全球化的视野，完成战略的规划，并对战略实施进行组织与协调，灵活地调配全球资源对重大项目的支持。

"蜂群"的迅速集结与撤离的一窝蜂战术，将会成为新一年工作的亮点，并以此推动各地区部、代表处、产品线、后方平台的进步。今明两年市场服务的组织变革，一定会促进我们成为全球最主流的电信解决方案供应商。也一定会提升竞争能力，形成利润能力，实现各级组织向利润中心为目标的组织及机制的转移和建设，并实现2010年销售额360亿美元的进步。明年我们将对研发等后方机构进行改革，以适应让听得见炮声的人来呼唤炮火的管理模式的转变。

为了保证这种授权机制改革的运行，我们要加强流程化和职业化建设，同时加强监控体系的科学合理的使用。IFS给我们的最大收益是，支持我们这种以前线指挥后方的作战模式成为可能，随着大量的有使命感、责任感的CFO派往前方、前线，作战部队的作战会更加科学合理。为了实现我们的远大理想，我们要抛弃狭隘，敞开胸怀，广纳天下英才，以成功吸引更多有能力的人，加入我们的奋斗队伍。我们要加强本地化建设，提升优秀员工的本地化的任职能力。我们自身要英勇奋斗，不怕艰苦勇于牺牲，天将降大任于你们，机会对任何人都是均等的。对内我们要允许不同意见、不同见解的人存在，基层干部要学会善待员工，不要一凶二恶，我们选择更多的有成功实践经验的人，加入各级管理队伍。只有我们的队伍雄壮，才会有成绩的伟大。

我们要坚持从成功的实践中选拔干部，坚持"猛将必发于卒伍，宰相必取于州郡"的理念，引导优秀儿女不畏艰险、不谋私利，走上最需要的地方。并长期保持艰苦奋斗的牺牲精神，永远坚持艰苦朴素的工作作风，在不同的岗位，不同的地点加速成长，接受公司的选择。我们的干部要严格要求自己，要聚焦于本职工作，我们要坚持三权分立的干部监察制度，否定、弹劾不是目的，而是威慑，使干部既可以自由地工作，而又不越轨。

我们也要从各级党组织中选拔一些敢于坚持原则、善于坚持原则的员工，在行使弹劾、否决中有成功经验的员工，通过后备队的培养、筛选，走上各级管理岗位。我们要充分发挥干部后备队选拔、培养干部的作用，使一些优秀的员工，找到更适合他们的岗位。我们的干部要坚持实事求是的工作作风，敢于讲真话，不捂盖子，报喜更报忧，公平对待下属与周边合作，敢于批评公司及上级的不是。我们反对唯唯诺诺、明哲保身，这样的人不适合作为管理干部，我们在新一年要调整他们的工作。不敢承担责任、观察上级态度，是不成熟的表现。那种工作方法粗暴，是缺少能力的表现。我们在新一年中要逐步减少这类干部。

我们已经听得到新年的炮声，炮火振动着我们的心，胜利鼓舞着我们，我们只要坚持自我批判不动摇，我们就会从胜利走向胜利。我们走在大路上，意气风发，斗志昂扬，没有什么能阻挡我们前进，唯有我们内部的腐败。

"日出江花红胜火，春来江水绿如蓝"，待来年我们再共饮庆功的酒。

（本文为任正非在华为新年晚会上的致辞）

链接2

牙买加：一段深刻的记忆镌刻在那里

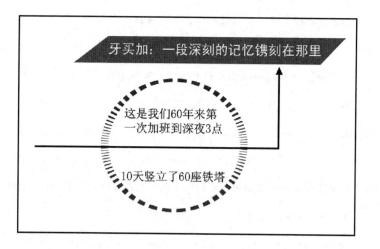

牙买加：一段深刻的记忆镌刻在那里

这是我们60年来第一次加班到深夜3点

10天竖立了60座铁塔

　　牙买加 AMX 全 TK 项目是华为在 AM 的战略性项目，也是检查华为交付实力的一个无线全 TK 项目。2007 年 11 月 30 日华为同 AMX 签订该项目中标函，一期交付 250 站点，二期交付 250 站点。牙买加属于典型的山区岛国，项目的网规设计困难，KPI 要求苛刻；而且该国属于英属私有制国家，站点获取非常困难，政府审批流程长达 3~6 个月、85% 的站点需要修便道、挡土墙，加上长达 8 个月的雨季和 3 个月的飓风季节，公司在本地注册时间短，来支持的兄弟无法获得工作签证，还有来自社会势力的干扰，使本来困难的交付雪上加霜。在牙买加这个美丽的加勒比海岛国，华为的 TK 交付能力又一次面临严峻考验。

这是我们 60 年来第一次加班到深夜 3 点

为了加速站点获取进度，李行带领 16 个站点获取队伍跑遍牙买加这 1 万平方公里的土地，实行责任承包制度，每人每周必须完成 4 个站点。这样，站点获取取得了显著的进展，但政府审批文档的曲折过程却让七尺男儿流泪了。牙买加政府于 2008 年 3 月 8 日改变了站点审批要求，我们提交的 150 多份文档在 5 月份全部被退回来，而这时有些站点已经开工了，这给项目组沉重的打击。为了保证已经提交和未提交的 196 个站点获取文档在 20 天内全部完成，而且还必须为每个站点重新做社区调查报告（在站点周围找 50 个邻居签字同意该站点的申请），到站点现场去测量站点位置、排水设施、获取政府土地局的审批文档、政府地理局的定位坐标、图纸绘制，浩瀚的工作量必须由项目组从各个部门抽调的 35 名员工完成。每个员工每天都有明确任务，既要在室外收集资料，又要在办公室绘图、准备资料，20 天中没有任何员工在晚上 12 点之前回过家，有大约 10 个晚上本地、中方员工都是通宵工作，有几个本地同事因为高强度的压力都哭了，但是他们还是挺了过来。这 20 天内他们一共完成了 1372 本资料的准备，3920 份图纸绘制，图纸打印和复印了 400 包。一个本地检查图纸的资深专家告诉我："通过这次工作我才真正理解了为什么一个 20 年的公司能够发展如此之快，你们改变了我们以前的工作模式，我喜欢同你们工作，这是我们这 60 年来第一次加班工作到深夜 3 点。"

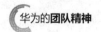

10 天竖立了 60 座铁塔

牙买加的最高建站纪录是每月 25 个站点，但我们要在 10 个月内完成 500 个站点的建设。按照网络规划搜寻站点、同业主协调、提交业主同意的价格给客户沟通、准备业主财产证明（包括土地所有证书、政府的交税证明、国土局的分界证明、土地局的站点位置证明，如果要是家庭财产，还涉及遗嘱）。客户律师同业主律师谈判合同条款、社区调查（50 个邻居的签字同意）、准备 7 份文档（每份大约 80 到 140 页不等）提交给各个教区，教区讨论通过后交给国家环保局开社区大会讨论，然后等待每月一次的国家环保局董事会讨论、通过之后再返回各个教区等待下月的教区议员大会讨论，通过之后教区提交航空管理局、公路管理局、市政自来水管理局审批同意之后、市长签字、市长助理和市政规划部长每页签字盖章，这才算站点审批通过，各个环节运行顺利也需要 6 个月时间。等待流程审批结束再建设站点几乎不可能。为此，我们的项目人员拜见了 14 个市的市长、电信部部长，甚至跑到了总理办公室去拜见。最后终于得到了政府"无政府客户开工建站"的许可，迈出了关键性的一步。

但是这里自建队伍、分包商、客户、客户竞争对手以及政府之间的关系错综复杂，如社区停工、在客户竞争对手站点的 300 米范围不能租地等情况时有发生，网络建设走走停停。项目组非常迷惑。如果停工，再次启动至少需要 10 天时间才可以组织队伍，这样是无法保证建网进度的。只有不停去拜访各市市长，争取支持，几乎每周有三天时间在拜访不同的政府官员。

这个美丽的加勒比小岛，让人联想到那细白的沙滩、湛蓝的天空和海水，还有那让人留恋的珊瑚礁和游动的彩色小鱼。但这里的世界并不安宁。项目的兄弟们都曾受到不同程度的威胁：大家的车经常被刺破轮胎，接到勒索电话说必须什么时候送钱去什么地方，并发邮件告诉住址、工作地方、车辆牌号，不然会怎么样等等。我们曾经一度惶恐不安，但为了兑现对客户承诺，没有办法顾及太多。陈嵘负责土建实施，跑遍了牙买加所有的山路。为了实现目标，经过精心的安排，在 7 月份的最后 10 天我们竖立了 60 座铁塔，连续 3 个月每月交付 70 个站点，在牙买加这个小岛上创造了奇迹。

经过项目团队连续 10 个月的拼搏，我们终于完成 400 个站点获取，513 个站点建设，416 个站点设备安装和 200 个站点的商用，120 个站点的初验证书，获得客户高度评价，也获得了全球技术服务部的总裁嘉奖。我们有幸踏遍这一万平方公里的山山水水，去领会这个美丽岛国那些许多不为人知的故事。这段深刻的记忆也会让每个人的生命与这片土地深深连接！

（本文摘编自《华为人》第 207 期 作者：李华）

第五章

保持团队的激情

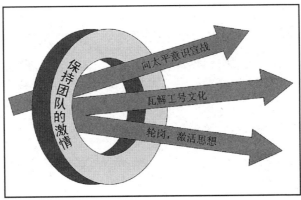

保持团队的激情

向太平意识宣战

瓦解工号文化

轮岗，激活思想

HUAWEI DE
TUANDUI JINGSHEN

第一节 向太平意识宣战

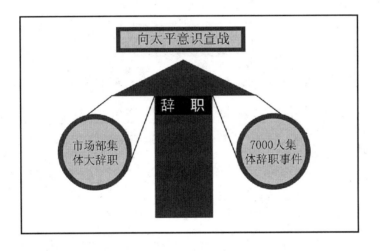

华为总裁任正非常挂在嘴边的词汇中有一个是"沉淀"。在他看来，一个组织时间久了，老员工收益不错、地位稳固就会渐渐地沉淀下去，成为一团不再运动的固体：拿着高工资、不干活。因此他爱"搞运动"。任正非认为，将企业保持激活状态非常重要。"公司在经济不景气时期，以及事业成长暂时受挫阶段，或根据事业发展需要，启用自动降薪制度，避免过度裁员与人才流失，确保公司渡过难关。其真实目的在于，不断地向员工的太平意识宣战。"

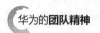

市场部集体大辞职

1995 年，随着自主开发的 C&C08 交换机占据国内市场，华为的年度销售额达到 15 亿，华为结束了以代理销售为主要赢利模式的创业期，进入了高速发展阶段。创业期涌现的一批管理"干部"，许多已经无法跟上企业快速发展的需要，管理水平低下的问题，成为制约公司继续发展的瓶颈。任正非选择的方式是所谓的"集体辞职"。

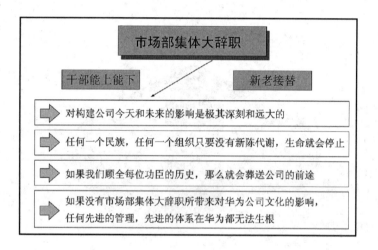

1995 年 12 月 26 日是毛泽东诞辰 102 周年的纪念日，任正非以一篇题为《目前形势与我们的任务》的万言报告，拉开了内部整训工作的序幕。会议期间，所有市场部的正职干部都要向公司提交二份报告，一份是 1995 年的工作述职，另一份就是辞职报告。

递交辞职报告的当天，任正非又专门做了动员讲话："为了明天，我们必须修正今天。你们的集体辞职，表现了大无畏的毫无自私自利之心的精神，你们将光照华为的历史！"

随后，时任分管市场的华为副总裁孙亚芳（现任华为董事长）做了集体辞职的激情演说。当市场部代表宣读完辞职书的时候，会场气氛达到了最高潮，许多人眼含泪水走向主席台，抒发自己的感受，台下则有人带头喊起了口号："前进，华为！前进，华为！"整训工作会议历时整整一个月，接下来就是竞聘上岗答辩，华为根据个人实际表现、发展潜力及华为发展需要进行选拔。

在这场运动中，市场部总裁毛生江也没能幸免。据《华为教父》一书的介绍："毛生江刚进入华为不久，就担任了销售 C&C08 交换机的开发项目经理，参加研发，之后转做市场。他跟人谈的第一桩生意是东北第一台容量超过两万门的交换机项目，合同金额 1 000 万元。1995 年 11 月，毛生江开始担任市场部代总裁。这个突然的决定，意味着他辛勤经营的成果将有可能付诸东流。刚开始他无法接受，但经过短痛之后，他重振精神，一切从零开始，开始'脱胎换骨'。2000 年 1 月 18 日，毛生江被任命为华为执行副总裁。"

"任正非有一句话：'烧不死的鸟才是凤凰。'华为许多人私下里都称毛生江为'毛凤凰'或者'毛人凤'，有位高层领导曾开玩笑问毛生江，你是不是一只烧不死的鸟？当时身心俱疲的毛生江回答：'世界上根本就没有烧不死的鸟。'2002 年，毛生江辞职，到尚阳科技担任负责市场营销的副总裁。"

当时市场部的集体辞职开了华为"干部能上能下"的先河，也被业内视为企业在转型时期顺利实现"新老接替"的经典案例。让我们来看看几位当时亲历华为市场部集体大辞职的当事人的切身体会：

"作为一名老市场人员，我深知公司目前处在一个非常关键的时期，要么就成为一流国际大公司，要么就在残酷的竞争中昙花一现。如果以这样的心态去工作，不如趁机早下台，让有冲劲有能力的人来指挥。作为一名华为老员工，更有责任去勇挑重担。人活着是为了什么？不是为了个人发财和享乐，而是要不断地挑战自己，改造自己，为社会创造价值。集体辞职的意义就在这里：不能时常保持自我批判能力，不能超越自己、不断进步，就必然遭淘汰。"

"不能否认递交两份报告时的矛盾心情，要离开曾经费尽心血开拓的市场，离开朝夕相伴的同事，而即将面临的又是一个未知的发展前途，心中的压力又陡然增加了几分。但是我也深知华为文化中重要的一条原则即'以集体的利益为利益，不断进行自我更新，及时调整以适应未来的发展'，作为发展高新产业的华为来讲，竞争的压力不言而喻，危机与机遇并存，任何时刻我们都不能忘记'高、精、尖的技术水平及持续不断的更新发展'是公司生存的根本。为了公司整体利益的实现，我们必须要放弃某些个人的利益，适应与熟悉也不应成为我们维护现状的借口。如果华为人心涣散，固步自封，又怎能谈及未来？我们需要集体的智慧去创造尖端技术、把握电信行业发展的脉搏；要用集体的力量去开拓市场、服务大众。市场部全体人员都继承并发扬'胜则举杯相庆，败则拼死相救'的集体主义精神，那么，任何阻力与困难都会在我们面前变得弱小了。"

"辞职以后，公司的发展越来越迅猛。我们逐渐摆脱了低层次竞争。我们的市场队伍更加团结，士气更加高涨，目标更加清晰，组织更有效率，资源得到更有效的利用。如果像我这样只知道胡冲乱闯的'猛张飞'还在位的话，所有的变化会发生得这么快吗？通信市场的无情，是不会等我们慢慢调整步伐的，一步落后，步步落后，营销手段必须快速跟上市场的发展。我的"下岗",正是为了公司能迅速调整追赶市场的步伐,对此,我无怨无悔。两年多了,集体辞职的意义我是慢慢品出来的:只有舍弃自我,融入大我,把公司的利益作为最高的利益,才能实现自我的升华。"

2000 年,任正非在"集体辞职"4 周年纪念讲话中,对 1996 年以孙亚芳为首的那次历史事件给予了高度的评价:"市场部集体大辞职,对构建公司今天和未来的影响是极其深刻和远大的。任何一个民族,任何一个组织只要没有新陈代谢,生命就会停止。如果我们顾全每位功臣的历史,那么就会葬送公司的前途。如果没有市场部集体大辞职所带来对华为公司文化的影响,任何先进的管理,先进的体系在华为都无法生根。"

华为号召全体华为人包括市场部的工作人员学习市场部的精神,就是为了让华为团队始终充满危机意识,在做实中不断优化自己。

7000 人集体辞职事件

2007 年 11 月初,新《劳动合同法》实施的前夕,华为出台了一条关于劳动合同的新规定:华为公司包括"一把手"任正非在内的所有工作满八年的华为员工,在 2008 年元旦之前,都要先后主动办理辞职手续(即先"主动辞职"后"竞业上岗"),再与公司签订 1 ~ 3 年的劳动合同。所有自愿离职的员工将获得华为相应的补偿,补偿方案为"N+1"模式。(N为员工在华为连续工作的工作年限)该方案 2007 年 9 月已获通过,2007年 10 月前华为公司先分批次与员工私下沟通取得共识,2007 年 10 月开始至 11 月底为方案实施阶段。可是,在各方面的压力面前,华为又自行终止了辞职与再续聘方案。在达成自愿辞职共识之后,再竞争上岗,与公司签订新的劳动合同,工作岗位基本不变,薪酬略有上升。

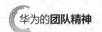

　　这一规定立刻遭遇媒体的轰击，各方谴责一片。大家认为，华为此举是为了花大钱"买断工龄"。于 2008 年元旦实行的《劳动合同法》中规定，企业要和工龄十年以上的员工签订"无固定期限劳动合同"。而这条规定显然与华为强调"保持激情"、"危机意识"、"来去自由"的企业文化相左。新《劳动合同法》规定的"无固定期限合同工"一项，是有些需要进一步解释的地方。毕竟铁饭碗一直禁锢了中国经济发展 N 多年，毕竟中国企业至今还没有全部从铁饭碗中解放出来。一朝被蛇咬，十年怕井绳。"铁饭碗"统治了中国几十年，"以厂为家"在突出主人公作用的同时，也豢养了懒汉，至今还是某些国企无效率经营的托辞，在这样的时候，推出一个"无固定期限合同工"，是有些别扭。华为的做法发出一个明确的信号，公司不是家。

　　华为否认此次人事改革是为了针对当时即将实施的《劳动合同法》，而是出于战略调整的需要，旨在打破"小富即安"的思想，唤醒华为团队的"狼性"，提升华为团队战斗力和公司的竞争力。近 10 年来，华为通过快速发展，员工人数迅猛增到 7 万余人。但在扩张的过程中，也积累了一些问题。华为希望通过辞职再竞岗，唤醒员工的血性，为公司注入新的活力。

　　2007 年 11 月，《IT 经理世界》资深记者冀勇庆在接受媒体采访时说道："我了解的情况和媒体报道出入不大，这不是华为简单规避新《劳动合同法》，新《劳动合同法》是一个诱因，华为早就有人力资源调整方面的需求，这跟通信行业大环境有关。这几年电信行业竞争越来越激烈，特别是大的电信运营商出现大的合并浪潮，由此造成上游电信设备商日子越来越不好过。这两年诺基亚、西门子、阿尔卡特和朗讯都在做并购，并购之后的日子也不好过，并购后厂商利润也在下滑。没有参加并购如爱立信这样的公司最近公布了季报，日子也不好过，也是出现利润大幅度下滑。"

"回到华为来看，华为现在同样面临这样一个问题。我们看华为最近财报的数据，华为去年（2006年）合同销售额达到110亿美金，销售收入达到85亿美金，净利润5亿多美金，它的收入是在快速增长，但是我们看到它的利润率却在大幅度下降，近四年来从2003年开始华为的毛利率是53%，2004年下降到50%，2005年下降到41%，2006年只有36%，下降得非常厉害。在这样一种情况下华为面临着怎样进行调整的问题，除了开源，在国际市场开拓力度，另外一方面就是要节流。华为从去年（2006年）开始进行定岗定薪，很多员工重新开始在公司内部调整职位，这种调整在华为实际已经进行了一到两年时间。只不过这次新颁布的《劳动合同法》进一步促进华为对公司内部结构的调整，我是这么认为的。"

华为内部通告透露，此次人事变革并非如外界所传是"强制性"的，而是允许员工进行二次自愿选择。华为称，不排除有些员工是出于"从大流"的心理而做出"辞职"决定，因此提出这部分员工可以再次做出自愿选择的建议：他们可以退出N+1补偿，同时领回原来的工卡，使用原来的工号。事实上，到最后，没有任何员工提出要退回N+1经济补偿、领回原来的工卡，使用原来的工号。

备受关注的华为"辞职门"事件在2007年12月底终于落幕，华为人力资源部2007年12月29日向华为全体员工发布的一份《关于近期公司人力资源变革的情况通告》显示，在华为"7000人集体辞职事件"中，有着1号工号的任正非也率先向董事会提出了退休申请，在11月份得到了董事会的批准。不过，经过董事会的挽留协商，任正非继续返聘担任CEO的职务，并从12月14日开始重新返聘上任。除了任正非提出退休申请之外，

华为资料显示，还有 93 名各级主管，尤其是部分中高级主管自愿降职降薪聘用。

根据华为的通告显示，这次大辞职事件总共涉及了 6687 名高、中级干部和员工。最后的结果是，6581 名员工已完成重新签约上岗，共有 38 名员工自愿选择了退休或病休，52 名员工因个人原因自愿离开公司寻求自己的其他发展空间，16 名员工因绩效及岗位胜任等原因离开公司。

这份通告将此次事件总结定性为"7000 人人事变革事件"，并称这将与"1996 年市场部集体大辞职"、"2003 年 IT 冬天时部分干部自愿降薪"一样，永载华为史册。

2007 年 12 月，一华为员工在接受媒体采访时说："好像大家都在拿华为竞聘返岗说事儿，到底好不好，只有我们亲自参与的职工最清楚。"这位华为员工 1998 年进入华为，如今是一个不折不扣的"老人儿"。从 11 月中旬开始，他拿到公司给的 20 万元补偿，之后利用 20 天带薪假期他去了香港、澳门和新加坡逛了一大圈。

"我去香港给妻子买了一堆化妆品和新衣服，给孩子买了索尼新款游戏机，自己买了一台佳能的专业相机。如果是在辞职前，我没这个闲钱更没时间。"跟他一样辞职返岗的员工基本都获得数额不菲的补偿，重新获得相应的岗位，很多人还升了职。

即使离开了华为，有在华为的工作资历，在深圳找份新工作并不难。

任正非认为，这次薪酬制度改革重点是按责任与贡献付酬，而不是按资历付酬。根据岗位责任和贡献付出，确定每个岗位的工资级别；员工匹配上岗，获得相应的工资待遇；员工岗位调整了，工资待遇随之调整。人力资源改革，受益最大的是那些有奋斗精神、勇于承担责任、冲锋在前并作出贡献的员工；受鞭策的是那些安于现状、不思进取、躺在功劳簿上睡大觉的员工。老员工如果懈怠了、不努力奋斗了，其岗位会被调整下来，待遇也会被调整下来。华为希望通过薪酬制度改革，实现鼓励员工在未来的国际化拓展中持续努力奋斗，不让雷锋吃亏。

华为走到今天，靠的是这种奋斗精神和内部的一种永远处于激活状态的机制。自 2002 年来，华为为了避免濒于崩溃，系统性地进行了一系列内部管理机制和人力资源的变革，其目的就是提升竞争活力，适应外部这种压力和挑战，构筑面向未来可持续发展的基础。华为称，这次人事变革的主因是华已经进入了竞争最为激烈的国际市场腹地，在全球化拓展中，干部培养和选拔问题日益突出，因此制订并推行了三权分立的干部管理制度等等措施。

第二节　瓦解工号文化

"工号文化"在华为的发展过程中起了较为重要的作用，工号的唯一性有利于华为进行人力资源管理，工号的信息属性能够有效地反映出工号拥有者的身份、资历、地位，便于相互不熟悉的员工之间基于工号建立"下尊上、新尊老"的企业伦理文化氛围。

一位曾在华为任职的人士表示，在很多华为人眼中，工号的长短被视为炫耀的资本。工号是华为对员工的编号，任正非是 001 号，依此类推，按照入职时间先后排序。实际上，华为在成立初期为了给予员工长期激励，建立了股权激励计划，员工根据工作时间长短可以获得一定的内部股，由于股权与工作时间以及员工的工号间接相连,这就形成了华为独特的"工号文化"。

曾有华为员工这样表示:"在看邮件时,如果是在我的工号之前的人发的,肯定是重要的,要看。如果和我差不多的工号,那也会看,但不会那么在意。如果显示的是比自己后面的工号,更多的时候就直接跳过了。"工号这串数字,成为了华为员工论资排辈的最明显体现。华为的工号排列规则是,有人走了,工号就要空着,不会往上补人。

同时,随着时间的发展,"工号文化"的弊端也开始显现,部分老员工单凭内部股票就可以每年获得不错的收益,与新员工的收入形成明显对比,严重打击了员工积极性。华为的工号文化,除了让大家觉得工号靠前的人就是有钱人之外,在公司的很多方面也有很深的影响。

一位华为员工曾这样描述华为工号文化的弊端:记得有一次他找到公司专门预订机票的部门预订机票,这个部门的服务员首先就是看工号,一看他的工号比较靠后,询问信息时对他呼来喝去。而在此时,进来一位工号比较靠前的同事,这位服务人员立马热情异常。这让他非常郁闷。

在2007年华为"7000人集体辞职事件"中,华为公司要求包括任正非在内的所有工作满8年的员工,在2008年元旦之前,都要办理主动辞职手续,竞聘后再与公司签订1~3年的劳动合同;废除现行工号制度,所有工号重排序。001号不再是总裁任正非的专属号码。

华为采取辞职再上岗的方式,其实就是核心高管们已经意识到"工号文化"的巨大危害。任正非以身作则,也就没有任何人敢提出异议。"工号文化的确部分制约了公司的创造力。"华为在声明中表示,此次另一个目的则是针对公司逐渐出现的"工号文化","让公司更有活力,内部分配的不和谐需要做一些调整。"华为表示，因为配发股票期权等历史原因，一些进公司较早的员工有了一定的物质积累。

"集体辞职"，让大家先全部"归零"，体现了起跑位置的均等。竞聘上岗，又体现了竞争机会的均等，这种看似"激烈"的方式的背后，实际隐含着的是一种"公平"。

2009 年 9 月份，阿里巴巴集团十周年庆祝会的欢庆味道余温未退，18 位创始人就不幸遭当头棒喝，阿里巴巴集团董事长马云宣布，阿里巴巴的创业元老集体辞职，重新应聘，阿里巴巴集团从此进入合伙人时代。1 到 18 原本是作为创始人标记的工号，通过重新竞聘后，这 18 个人的工号数字将排在 2 万位之后。可见，工号文化同样让阿里巴巴这个新兴的企业深恶痛绝。

第三节　轮岗，激活思想

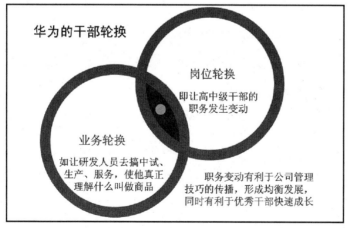

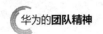

中国有句古话：流水不腐，户枢不蠹。这句话用来形容"轮岗制"在企业中的作用再合适不过了。"任何人在工作中都需要挑战和新鲜感，在一个岗位太久，就会形成惰性，而轮岗制则会使人对工作充满新鲜感。"

人像动物一样具有喜新厌旧的本能，任何工作，干的时间一长，就可能感到厌倦、无聊。企业有意识地安排职工轮换做不同的工作，可以给员工带来工作的新鲜感、新奇感，调动员工的工作积极性，可以让员工取得多种技能，同时也挖掘了各职位最合适的人才。

"轮岗制"是华为实行的一种体验式的快速学习方式。华为团队的干部轮换有两种，一是业务轮换，如让研发人员去搞中试、生产、服务，使他真正理解什么叫做商品。另一种是岗位轮换，即让高中级干部的职务发生变动。任正非认为，职务变动有利于公司管理技巧的传播，形成均衡发展，同时有利于优秀干部快速成长。

任正非主张华为团队的高层干部要下基层，要在实践中增长才干，其中一个重要的保证，就是实行干部轮岗制。在他看来，职务变动有利于公司管理技巧的传播，形成均衡发展，同时有利于优秀干部快速成长。任正非称："干部循环和轮流不是一个短期行为，是一个长期行为。华为会逐步使内部劳动力市场逐渐走向规范化，要加强这种循环流动和培训，以在螺旋式中提升自己。"

几乎所有华为团队成员都有过轮岗的经历，一般华为员工工作1~2年后就要换一个岗位，而且还有比这更频繁的。"轮岗制"不仅有平级向上晋升，还有降级轮换的。甚至很多人都是从副总裁被直接任命为办事处主任的。如果没有一套健全的调节机制做保障，干部队伍可能会因此而乱掉，正常的工作部署也会七零八落。这种看似残酷的培训方式成为华为培养后备人才行之有效的途径之一。同时，对于个人来讲，无论是升迁还是降级，都是人生的一笔财富。

这样频繁地进行岗位调动，首先是因为华为公司近些年来业务的急速发展，人员数量扩张得非常厉害，而且由于招聘的员工基本是大学校园的应届毕业生，根本无法知道谁在什么岗位上是最合适的，因此"轮岗"的制度可以使员工各得其所。对于那些已经在华为工作了几年的老员工而言，若不实行轮岗制，可能有的员工会想，来公司已经好几年了，除了向目前的序列发展之外，我还有什么样的发展空间呢？我还有什么样的能力呢？

其次，华为的管理者看到企业部门与部门、人与人之间的信息交流和相互协作出现了问题。用华为团队员工自己的话说就是"总部一些制定政策的部门不了解一线客户需求，出台的政策很难执行，瞎指挥。""服务部门和事业部有隔阂，话说不到一块儿去。"没有切身的体会是很难做到换位思考的，轮岗制正是解决这个问题的良药。

同样，在岗位上已经工作了一段时间的员工进入一个新的领域其实并不困难。华为在考虑了员工的学习能力和工作表现后，会让他进入一个崭新的岗位，本来在机关从事管理的岗位，突然换到市场从事一线销售的也大有人在。这样做更多的是华为希望员工通过丰富的职业经验来拓宽他们职业的视野以及事业发展的宽度。

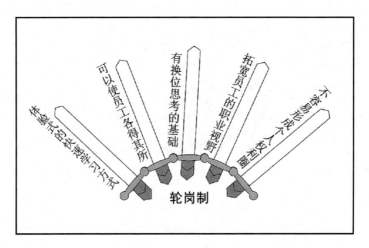

最初提出岗位轮换的是前华为副总裁李一男，他当时给任正非写了一个报告，建议高层领导一年一换，这样不容易形成个人权力圈，造成公司发展整体不平衡。这个建议得到了任正非的认可，并立即在华为推广开来。

任正非说："我们对中高级主管实行职务轮换政策。没有周边工作经验的人，不能担任部门主管。没有基层工作经验的人，不能担任科级以上干部。我们对基层主管、专业人员和操作人员实行岗位相对固定的政策，提倡'爱一行，干一行；干一行，专一行'"。

华为的每一位主管几乎都有轮岗、换岗的经历，调换工作地点或者部门对他们来说很平常。而调换的原因可能因为业绩不佳，需要更合适的人选来替代；也可能因为干部的业绩太好，调换到新的岗位可以把好的经验加以推广；更可能没有任何理由。因为任正非希望通过干部强制轮岗，鼓励管理者积累多项业务的管理经验，并促进部门之间、业务流程各环节之间的协调配合，同时制度化和经常化的轮岗，也有利于激活团队。

任正非说道："我们的干部轮换有两种，一是业务轮换，如研发人员去搞中试、生产、服务，使他真正理解什么叫做商品，那么他才能成为高层资深技术人员；如果没有相关经验，他就不能叫资深。因此，资深两字就控制了他，使他要朝这个方向努力。另一种是岗位轮换，让高中级干部的职务发生变动，一是有利公司管理技巧的传播，形成均衡发展，二是有利于优秀干部快速成长。"

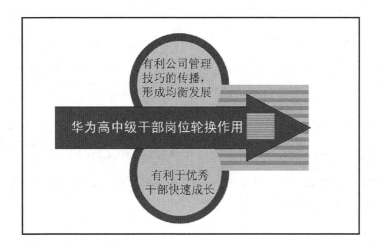

2000 年，华为动员了两百多个硕士到售后服务系统去锻炼。"我们是怎样动员的呢？我们说，跨世纪的网络营销专家、技术专家要从现场工程师中选拔，另外，凡是到现场的人工资比中研部高 500 元。一年后，他们有的分流到各种岗位上去，有的留下做了维修专家。他们有实践经验，在各种岗位上进步很快，又推动新的员工投入这种循环。这种技术、业务、管理的循环都把优良的东西带到基层去了。"

为加强研发市场驱动机制的运作，充分理解客户的需求，促进人才在华为内部的轮换和流动，华为每年都要派一些研发干部去市场，让那些

一直在实验室里与设备打交道的科研人员到市场一线，直接接触客户。

轮岗已成为企业培养人才的一种有效方式，很多成功的公司如 IBM、西门子、爱立信、联想等都已经在公司内部或跨国分公司之间建立了岗位轮换制度。

在华为的岗位轮换上，华为前执行副总裁毛生江的职业经历很具有代表性。他从 1992 年进入华为，到 2000 年升任集团执行副总裁，8 年时间，他的工作岗位横跨了 8 个部门，职位也随之高高低低地变动了 8 次：1992 年 12 月任项目组经理；1993 年 5 月任开发部副经理、副总工程师；1993 年 11 月任生产部总经理；1995 年 11 月调任市场部代总裁；1996 年 5 月，任终端事业部总经理；1997 年 1 月任"华为通信"副总裁；1998 年 7 月任山东代表处代表、山东华为总经理；2000 年 1 月，被任命为华为执行副总裁。毛生江这样说道："人生常常有不止一条起跑线，不会有永远的成功，也不会有永远的失败，但自己多年坚持一个准则：既然选择，就要履行责任，不管职责如何变迁，不管岗位如何变化，'责任'两字的真正含义没变。"

随着公司的发展，华为的岗位轮换制日益成熟起来，它促使员工和干部掌握多种技能，以适应环境的变化；同时避免了因在某一岗位任职时间太长，从而形成官僚主义、利益圈等弊病。

通过岗位调换，华为实现了人力资源的合理配置和潜力的激活，促进了人才的合理流动，使人力资本的价值发挥到最大。

如果员工在某个岗位感觉不是得心应手，华为会允许他再重新选择一个他认为更合适的岗位，当然华为也提倡"干一行，爱一行"。为防止基层员工随意转岗，任正非指示有关部门，那些已经转岗的和以后还要转岗的基层员工，只要不能达到新岗位的使用标准，而原工作岗位已由合格员工替代的，建议各部门先劝退，各部门不能在自己的流程中，有多余的冗积和沉淀，华为每年轮岗的人数不得超过总数的17%。他警告说，哪一个部门的干部工作效率不高，应由这一个部门的一把手负责任。

俗语说："铁打的营盘流水的兵"，但如果让员工在企业内部流动，这句话就可以反过来说成"流水兵铸就铁打营盘"了。

华为前人力资源总裁张建国表示："一个人在一个岗位干时间长了，就会有惰性，产生习惯思维。但是到了新的岗位以后，会激活他的思想，大家一般都会想表现得好一些，所以在新岗位的积极性也会很高。工作几年以后，人到了一个舒适区，也就很难有创新了，所以一定要有岗位的轮换。在华为，没有一线工作经验的不能当科长。新毕业大学生一定要去做销售员，做生产工人，你干得好就提上来。"

关于轮岗的重要性，联想董事局主席柳传志于2003年8月在一次题为《天将降大任于联想，联想是年轻人的联想》的讲话中说道："管理人员到了一定程度以后，岗位要进行轮换。为什么要进行轮换呢？因为他在这个岗位做，实际上是体现学习能力的一个很好的方式。这个部门他做得好，是不是能够充分地研究为什么做得好；换了一个部门，还能够做得好，还能讲出道理；换了第三个部门，依然如此的话，这个人可以升了，可以承担更大的工作。如果没有的话，仅在一个部门，很好，就往上走，这里面有偶然性。所以轮岗是一种非常重要的方式。"

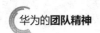

链接

烧不死的鸟是凤凰

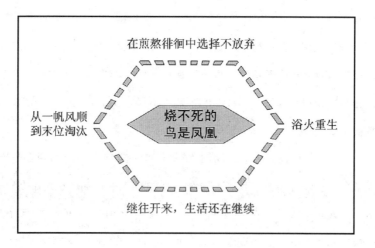

一位在公司曾经一帆风顺的干部，2010年在东南非地区部被末位淘汰，后来选择到埃塞迎接挑战、再次奋斗，对"烧不死的鸟是凤凰"有了刻骨铭心的体会。

从一帆风顺到末位淘汰

2001年，我以网优工程师的身份加入华为，2002年至2004年在国内办事处工作，以优异业绩经历了网规网优经理、服务经理到客户经理的跨越。

2005 年 3 月，我主动申请到刚果金拓展市场，在"机会"加"努力"的作用下，又完成了从客户经理、系统部主任到销售副代表的转身。刚果金六年的工作和生活，我伴随着公司的高速发展而成长，在不断突破海外市场的同时，也不断试错、改正，总结经验和教训。在刚果金，我经受了战乱的考验，还收获了自己的小家庭，算是"成家立业"了。

2010 年年底，我的两位老领导、时任地区部两位副总裁跟我沟通：我被干部末位淘汰了。平时我跟系统部主任们的沟通和鼓励，现在看来真是天大的讽刺！——一个被淘汰的人，居然还在"培养"别人。太丢脸了！

而这个时期，家庭矛盾也正困扰着我，我甚至开始心灰意冷，觉得我的人生太失败了，一度有了离职的念头。

在煎熬徘徊中选择不放弃

我独自一人在河边走着，不断问自己：为什么是这个结果？以后怎么办……

虽然没有想清楚，但是，我并不服气！当我还浑浑噩噩沉浸在痛苦中时，老领导给我打来电话，让我去一趟埃塞俄比亚。埃塞是公司级重点竞争市场，长期被友商独家垄断。难道是有新任务？

我不能让别人瞧不起，而且，我不能给一起奋斗的这么多兄弟姐妹树立负面的导向。这是个机会，是再次证明自己，再次爬起来的机会，我一定要抓住。没有更多思考，我答应了领导的要求，一周内赶到了埃塞，开始新的战斗。一旦想清楚了，我绝不犹豫。必须要感谢一下我的妻子！她在我最艰难的时候，放下对我的不满和抱怨，毅然支持我再次迎接挑战的决定，并很快带着两岁多大的女儿来埃塞跟我团聚，避免了我无限的牵挂和思念。

浴火重生

在埃塞，我投入了全身心的力量，并以更严格的标准要求自己。我的个人目标是：总结过往的教训和经验，务必拿下埃塞市场，再次证明自己。

跟埃塞最初的六个常驻兄弟一起，我们面对的是友商死死封闭了整整4年的独家电信市场，虽然当地政府曾表示"我们是欢迎华为的"。

没有退路，我们迎难而上。在重大项目部领导、北非地区部和埃塞代表处的指导下，我承担起项目团队的日常组织和具体项目运作，以及部分核心客户关系。我跟代表处的领导和兄弟们一起，开始全面梳理客户关系、分析竞争对手情况，发掘各种可能的机会点。在友商压制下，《潜伏》和《亮剑》被我们一遍又一遍地学习，我们活得越发精神。

功夫不负有心人。2011年8月初，任总访问埃塞，受到鼓舞的我们把一线工作推向全面拓展的高潮。

交付的兄弟们很给力：不仅保证了我司在网设备的服务水平总体领先友商的好口碑，专业化的服务和解决方案也得到客户的广泛认可；

产品部的兄弟们很给力：我们每递出去的一份技术材料，都打到客户的心坎里；

客户线的兄弟人手有限：于是我们全员皆兵，并充分发挥本地核心骨干员工的能量，所有人都领回相应的客户关系任务，客户关系拓展工作形成你追我赶、百舸争流的局面；

代表处的领导很给力：亲自抓住高层核心客户关系，并广泛传递客户关系技能；

地区部的领导很给力：总裁和几个副总裁三天两头来埃塞现场支持项目、

拜访高层客户；

在大家的齐心协力、共同努力之下，我们全面完成了公司交给的目标，还获得了更大的市场份额。

继往开来，生活还在继续……

埃塞的竞争激烈程度，跟刚果金市场不可同日而语。也正是这种激烈的竞争，激发了我的斗志，也重新激活了我自己：绝大部分时间，我都是跟项目组同事一起在客户那里度过，或者在办公室度过。我们不断反复研究客户关系，分析对手信息，并制定竞争策略，拓展客户关系。

在埃塞，我也不断反思自己：在刚果代表处六年，太久了，环境太熟悉了，于是我慢慢产生了惰性。作为销售副代表，没能抓住当时代表处缺少订货的主要矛盾，导致目标没能完成。在哪里跌倒就要在哪里爬起来！埃塞工作期间，我的目标感越来越强，公司交给我的重大项目和关键任务，都能够顺利完成。

我在刚果代表处的组织运作和经营管理的经验，在埃塞代表处组建过程中找到了用武之地。在2012年年初的北非地区部市场大会期间，我还把我的这些经营管理经验和模板带到地区部，得到地区部总裁、CFO等主管的认可。埃塞新人多，大多没有做过大规模的项目，我就跟代表处领导一起，把客户关系和项目运作的经验在日常工作中例行传承和学习，重点员工言传身教。

在新的竞争形势下，我们还针对性地组织了红蓝军对抗、模拟演练等工作，以提高实战的成功率。在代表处组织的辩论、主管经验分享等多种能力提升活动中，我和大多数同事一样，都深受感染，学习了不少知识。

时间过得真快，转眼2年就要过去了，埃塞的工作和生活场景，如放电影般在脑海闪过：

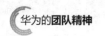

还记得，在拓展低谷期间，几个领导一拍即合，召集大家去爬 Entoto 山。从海拔2300米到3500米之间，我们唱起高亢的歌，重振旗鼓；在山顶，我们指点着首都亚的斯亚贝巴的高楼绿地，要把我们最先进的基站放到这里、那里，大有"会当凌绝顶，一览众山小"的豪迈……

还记得，项目组熬了不知道多少个通宵，终于把几十箱标书装上8辆中巴车，在开道车和断后车辆的保护下，前前后后十几辆车，招摇地打开双闪灯，浩浩荡荡开往客户总部大楼。路上的埃塞人看到车头鲜艳的华为标记，竖起了大拇指……

也还记得，领导或严厉或温和地指出我这样那样的不足和毛病时，自己内心是多么的惭愧和自责……

当然也还记得，肖师傅和大隋在楼顶的烤羊肉，那是埃塞一绝；还记得每周六我们的足球队在 Entoto 山上的高原足球赛；还记得埃塞航空漂亮热情的埃塞妹子……

由于工作调整，如今我离开了项目组，离开了我曾经生死拼搏的、心爱的兄弟姐妹们，心中是多么的不舍！不过，生活还在继续，公司还会不断发展和壮大，我也还需要不断学习和提高。

在这个宁静的夜晚，我泡上一杯 TOMACO 咖啡，好好品味一下那句华为人说过很多遍的话：烧不死的鸟是凤凰！

（本文摘自《华为人》第258期　作者：尹玉昆）

第六章

高效的团队执行力

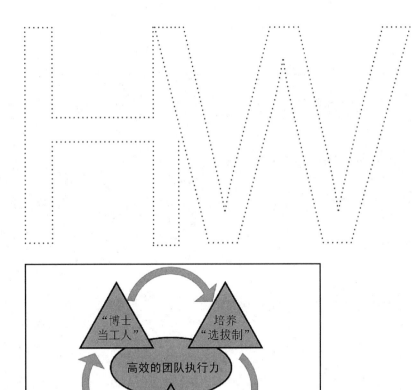

HUAWEI DE
TUANDUI JINGSHEN

根据研究表明，在企业成功的要素中，团队执行力，对一个企业的发展起着至关重要的作用。企业能否在持续发展中获得成功，在很大程度上取决于执行力的高低。

对一个团队而言，如何有效地确保团队的整体运行效率，推进团队制度化、规范化和精细化管理，形成步调一致、行动迅速的团队执行力，使各项决策得到真正执行和有效落实已成为团队建设的重头戏。

第一节　"博士当工人"

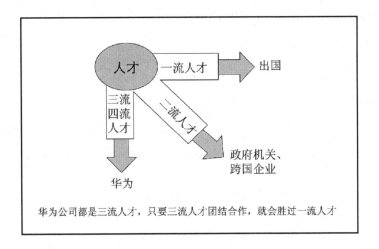

时光倒流至 1999 年，华为总裁任正非与华为团队新员工的一段调侃式对话，至今仍耐人寻味。新员工："我是刚毕业的，我感觉很多优秀的

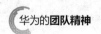

人才都出国了，你怎么看待这件事？"任正非这样回答道："华为公司都是三流人才，我是四流人才。一流人才出国，二流人才进政府机关、跨国企业，三流、四流的人才进华为。只要三流人才团结合作，就会胜过一流人才，不是说三个臭皮匠顶一个诸葛亮吗？"

十多年后的今天，这场"三流人才"与"一流人才"的战争，以令人惊诧的战果印证了任正非当年的预见。

虽然求贤若渴，任正非也认识到青年学生的最大弊病是理想太大，因此他制订了一项铁律：反对空洞理想，做好本职工作，没有基层经验不提拔。任正非曾说过，华为不是以学历、资历定待遇和报酬的，而是以能力和贡献来定待遇和报酬。而能力和贡献又是通过实践来检验的，华为希望每个人都要有实干精神。

原华为人力资源部培训部张志学讲了这么一个案例："北京大学一位计算机博士，在联想做了柳总（联想董事局主席柳传志）的秘书，在朋友的劝说下到了深圳华为，他以为去了华为，就能谋到一官半职。但是呢，不幸的是，他到华为是去南湖做电焊工，因为这是华为的制度，所有的人都要从最基层开始做。这是他人生最灰暗的时期，太太已经辞去了新华社记者的职务，没想到他来深圳做了电焊工，很多人就离开了，但是他坚持下来了。很快他到了总部，从总部很快到了新疆办事处，很快调到南通办事处。"

任正非说到做到，进入华为学历便自动消失，凭个人的实践去获取机会。这样的人才升级制度也被称作"博士当工人"。"让他们真正理解什么叫商品，从对科研成果负责转变为对产品负责。"

《华为公司基本法》中有着这样的记述："共同的价值观是我们对员

工做出公平评价的准则；对每个员工提出明确的挑战性目标与任务，是我们对员工的绩效改进做出公正评价的依据；员工在完成本职工作中表现出的能力和潜力，是比学历更重要的评价能力的公正标准。"

"华为奉行效率优先、兼顾公平的原则。我们鼓励每个员工在真诚合作与责任承诺的基础上，展开竞争，并为员工的发展，提供公平的机会与条件。每个员工应依靠自身的努力与才干，争取公司提供的机会，依靠工作和自学提高自身的素质与能力，依靠创造性地完成和改进本职工作满足自己的成就愿望。我们从根本上否定评价与价值分配上的短视、攀比与平均主义。"

2000 年 9 月，华为的一位员工，清华大学博士杨玉岗在其文章中这样记述道："记得 1998 年初刚进华为的时候，公司正提倡'博士下乡，下到生产一线去实习、去锻炼'。实习完之后，领导让我从事电磁元件的工作，当时想不通，有一种不被重用、被埋没的感觉，认为自己是堂堂的电力电子专业博士，理所当然应该干项目，而且应该干大项目，结果却让我干电磁元件这种'小事'，既无成就感，又无发展前途，而且只能用到我所学专业知识很小的一部分，所以不值得为'电磁元件这种小事'付出时间与精力，不值得去坐这种冷板凳，当时只是出于服从领导的分配而硬着头皮勉强干上电磁元件这'不起眼'的行当，但是随着后来工作的经历和体验越干越发现：电磁元件虽小，里面却有大学问。"

"就在我从事电磁元件的工作之后不久，我司电源产品不稳定而在市场上出现告急，也造成过系统瘫痪，给公司带来了巨大损失，这就是因为某种电磁元件问题而造成的故障，我司也因此而丢失很大的订单。在如此严峻的形势下，研发部领导把解决该电磁元件问题故障的重任交给了刚进

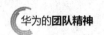

公司不到三个月的我。当时我既对公司产品了解不多，又无设计电磁元件的经验，只是凭着工程部领导和同事的支持与帮助，经过多次反复与失败，设计思路才渐渐清晰。"

"有一次，电路板联调了几天调不通，心里别提有多懊丧，这时主管李开省过来问我问题出在哪里，我告诉了他，他说：'你先歇一会，让我看看'。过不多久，老李说问题解决了，原来是一名新员工不小心把一个变压器焊反了。为此，小小的电磁元件问题又因一个小小的粗心而延误联调进度好几天！"

"经过 60 天的日夜奋战，我们硬是把电磁元件这块硬骨头啃下来了，使该电磁元件的市场故障率降为零，而且每年节约成本 110 万元。至今我司所有的电源系统都采用这种电磁元件，时过近两年，再未出现任何故障。

"就是这么一个小小的电磁元件，貌似其小，大家没有去重视，结果我这样起初'气吞山河'似的'英雄'在其面前也屡屡受挫、饱受'煎熬'，坐了两个月冷板凳之后，才将这件小事搞透。"

"公平竞争，不唯学历，注重实际才干。"华为看重理论，更看重实际工作能力，大量起用高学历人才，也提拔读函大的高中生。任正非表示，坚决反对空洞的理想。做好本职工作。没有基层工作经验不提拔。不唯学历。"青年学生最大的弊病就是理想太大。因此，在华为，不论什么学历，进公司一星期后学历自动消失，所有人在同一起跑线上。凭自己的实践获得机会。强调后天的进步，有利于员工不断地学习。"

在华为有年仅 19 岁的高级工程师，也有工作七天就提升为高级工程师的。不论资排辈，只重实际能力，华为大胆地起用年轻人，一位只有 25 岁的华中理工大学毕业生就当上了带领 500 多人的中央研究部主任。"年龄小，压不垮，有了毛病，找来提醒提醒就改了。"

当过工人的博士仍然有机会获得与学历匹配的职位，但首先得通过任职资格评价。华为请美国 HAY 公司作顾问，通过消化吸收，一点一点改进，形成自己的任职资格评价体系。华为的工资分配也是实行基于能力主义的职能工资制。

第二节　培养"选拔制"

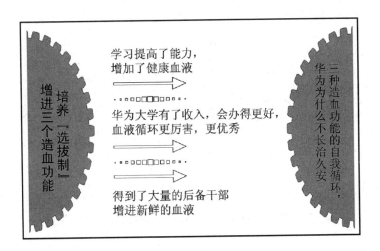

华为大学不是传统意义上的大学，它只是华为的一个机构，一个为华为培养合格干部的机构。但这个华为大学，在江湖上却名声很大，有的时候，它比传统意义上的某些大学还有名气。华为大学的目的是要让华为的干部队伍成为江湖中最优秀的企业干部队伍。

从 2004 年开始，华为大学就一直在正常运转之中。几年来，这里走出

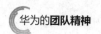

了千余名合格的华为干部。每一个人都能很容易地看出，华为干部的选拔是如此透明、如此公平，但同时，也是如此严格。华为的中基层干部基本上都来自于业务和管理工作一线的优秀骨干。华为干部选拔和培养标准非常强调责任结果导向，要有好的绩效输出。带领团队的干部，更要有好的团队绩效输出。

2011年，任正非在华为大学干部高级管理研讨班上讲话时表示，华为大学的办学方针要从"培养制"转变为"选拔制"，干部员工有偿学习，自我提高。"我们要继续推行这种路线，在公司内部，除了收学费，停产学习还要停薪；教材也要卖高价，你想读书你就来，不想读书你就不要来。交学费不吃亏，为什么不吃亏呢？因为学好了能力就提升了，出绩效和被提拔的机会就多了；即使没学好被淘汰了，说不定是现在退一步，而将来能进两步呢？所以投资是值得的。以后收费标准可能会越来越高，交学费、停薪就是要让你有些痛，痛你才会努力。"

任正非表示，华为这样做是为了增进三个造血功能："一，是学习提高了你的能力，就好像你增加了健康血液；二，是华为大学有了收入，会办得更好，它的血液循环更厉害，更优秀；三，是公司得到了大量的后备干部，增进新鲜的血液。这三种造血功能的自我循环，华为为什么不长治久安。"

华为要从过去的培养制和苦口婆心的培育方式，转变成你爱学就学，关键是看员工工作干得好不好来确定员工的去留，而不是看爱不爱学习。历史上不好好学习最后成了伟大人物的例子很多，学习不要强求。

任正非表示："我们不搞培养制，我们没有责任培养你，我们是选拔制，选拔更优秀的人上来，在全公司和全世界范围内选拔优秀者，落后者我们就淘汰。我们不会派一批老专家苦口婆心地与落后者沟通，迁就落后者，在这个问题上我们要改变过去的一些作法。按照这种办学方针，华为大学就应该是个赚钱的大学。华为大学将来要想大发展，就一定要赚到钱，将来没人拨款给你。华为大学赚的钱先拿去自己发展，财务给出结算方法，把钱算给华大，让它转成投资，让大学办得更大更强。"

任正非表示，华为大学的老师在后备干部培养这一系中，是组织者，不是传授者。"如果他们是传授者，水平就限制在一定高度了。我们的学习就是启发式的学习，这里没有老师上课，只有'吵架'，吵完一个月就各奔前程，不知道最后谁是将军，谁是列兵。相信真理一定会萌芽的，相信随着时间的久远，会有香醇的酒酿成的。"

任正非比较看好案例讨论的教学方式。对于华为干部后备队的案例学习，任正非给出了一些建议：

"第一阶段先从启发式学习开始，先读好教义，最好每天都考一次试，来促进学员的通读。胡厚崑、徐直军领导主编的这些教义很好，我想不到会编得这么好，它凝聚了全体编委及大家的心血，也许他们的努力会记入史册的。考完试以后老师先别改卷子，直接把考卷贴到心声社区，贴到网上去，让他的部下、他的周边看看他考得怎么样，给他学习的压力。"

"第二阶段自己来演讲，演讲的内容不能说我学了好多理论，我就背那个条条，这种演讲是垃圾。讲你在实践中，你做了哪些事符合或不符合这个价值观，只要你自己讲，我认为都是合格者，不合格者就是那些不动脑筋混的，喊着口号、拍马屁拍得最响的，就是不合格份子。你的演讲稿子和你讲的故事，必须有三个证明人，没有证明人就说明你是编出来的，你在造假，你在骗官。要把证明人的职务、工号、姓名写清楚。你一写完一讲完，我们马上将你写的、讲的贴到心声社区，连你的证明人都公示上去了，看谁在帮你做假。报告也不要写得又臭又长，抓不住重点，抓不住主要矛盾和矛盾的主要方面。"

"第三阶段就是大辩论，把观点和故事都讲出来。凡是没有实践的纯理论的东西，就不要让他上讲台，讲纯理论性的东西就扣分。演讲完了大家就辩论，不一定要拥护我们的文化，我们的文化没有特殊性，是普适的，都是从别人那儿学来的，抄来的。以客户为中心，以奋斗者为本，外籍员工听得懂，喊拥护的人也未必就是真心实意地拥护。大辩论中有反对的观点，我认为也是开动了脑筋的，也是有水平的，我们要授予管理老师权力，让反对者过关。我们华为公司允许有反对者，相反对于正面的观点，我们恰恰要看他是否真正认识到了规律性的东西，或者只是陈词滥调、被动接收。"

"第四个阶段，大辩论阶段个人观点展开了，人家好的你吸取了，人家差的你也知道了，然后就是写论文和答辩。你写的论文也要是非理论性的，只要是理论性的就是零分。就是要讲你的实践，你实践了没有，你实践的例子是什么。没有实践，你看到别人做了一件事情做得特别好，你从中学到了东西，你看到别人的实践你也可以写，要让当事人当个证明人。找不到证明人这个阶段就不算过，以后可以补课。"

任正非说："我们要求每个员工都要努力工作，在努力工作中得到提拔。我们认为待遇不仅仅是指金钱，还包括任务的分配、责任的承担。干部的职务能上能下，因为时代在发展，企业在发展，而个人的能力是有限的。这是组织的需求，个人要理解大局。"

在干部政策的导向上，华为适时地出台了三优先和三鼓励的政策。

　　三优先，说的是优先从优秀团队中选拔干部，出成绩的团队要出干部，不能连续实现管理目标的主管要免职，免职的部门副职不能提为正职；优先选拔在一线和海外艰苦地区工作的员工进入干部后备队伍加以培养；优先选拔责任结果好，有自我批判精神、有领袖风范的干部担任各级一把手。

　　三鼓励，说的是鼓励机关干部到一线特别是海外一线和海外艰苦地区工作，奖励向一线倾斜，奖励大幅度向海外艰苦地区倾斜；鼓励专家型人才进入技术或业务专家职业发展通道；鼓励干部向国际化、职业化转变。

　　三优先，三鼓励，不是自愿性的，而是几乎强迫性的。①

第三节　团队本土化

　　宏碁创始人施振荣曾说："目前内地大企业的国际化不很顺利，最主要的原因是国际化的人才和经验不足、时间不足，而国际化的规模又太大。这么大规模的国际化是一定会遇到困难的，因为能力不足，能力不足是因为经验不足。国际化必须要用全球化的思维模式，尤其是全球化的人才。国际化初期派再多人到海外去也不可能深入了解当地的文化，了解文化还不够，你还要有很多的人脉，还要管理当地企业的人，因此只有整合全球人才才比较容易打造全球品牌。"

　　人才是企业发展的根本。在国际通信制造业日趋激烈的竞争中，比技术、比产品、比服务，但本质上是比人才团队。"走出去"的企业，在国际市场上开拓业务，必须与当地市场通畅地沟通，准确了解当地市场的

---

① 初笑钢.任正非的七种武器.机械工业出版社，2011.5

需求。谁更能担此重任？当地人更为胜任。团队本地化的另一作用是，可成为企业与当地市场和政府之间的润滑剂。一个能带来就业的企业，往往是具有可持续发展的企业，能更快地融入当地社会。

华为在国际化市场拓展中，依靠本地员工快速切入市场，迅速了解了当地法律法规、客户特点和文化习俗，并节省了费用成本，提高了核心竞争力。

在一些国家，华为受到了本土人才的欢迎。成为一线设备提供商后，华为在沙特的人才市场上有了不错的口碑，只要以市场价或略高于市场价就能招募到比较好的外籍雇员，其中有些还来自沙特最好的大学。"9·11事件"以后，阿拉伯对中国的态度普遍友好，华为在中东地区迎来了一个难得的发展期。

印度是全球第二大电信市场，有 4.1 亿移动用户，并且以每月上千万的速度增加。与此同步，代表处的业务也爆发式增长，支撑增长的还有一支本地员工队伍。

华为印度代表处大部分员工来自本地，这是管理团队开放思维的结果。印度著名报纸《印度斯坦时报》这样报道："新的本地面孔：华为印度最近引入了高级本地管理人员，负责销售、产品、大客户等业务部门，加上 HR 和财务部门的本地主管，经验丰富的印度本地高级管理人员已经进入华为印度的高层关键管理岗位。高层管理岗位的本地化有助于华为与客户建立更密切的联系，更好地融入印度文化。"

华为印度代表处始终向本地员工传递着一种导向：感到挑战、看到机会。公网系统部客户经理 Rajesh Narang 是金牌员工。在南区某 GSM 销售项目中，Rajesh 表现了他对客户需求的准确把握和对公网运营商游戏规则的深刻理解。在谈判运作的一年多里，Rajesh 在制订谈判策略和技术商务目标各方面都发挥了很大作用，最后成功引导客户议标。Satwant Bisht 作为某项目 PD 加入代表处时，该项目还没有签单，更没有交付团队。可是在半年多时间内，他从零开始组织交付了数千个全 Turnkey 站点，队伍带起来了，团队气氛好，客户满意度高。

"军队"的完美执行力

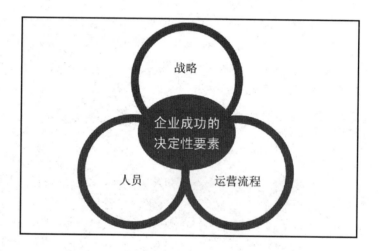

"军事化管理改变了商业思维。"世界上最伟大的 CEO 杰克·韦尔奇曾这样描述军队管理与企业管理的关系。

联想控股董事局主席柳传志毕业于军事院校。1961 年至 1966 年，5 年的西安军事电讯工程学院的求学经历，军人的高度的执行力文化也深深地烙在柳传志的心里。柳传志曾坦言："是军营塑造了我。"

柳传志把军人高度的执行力文化也带入了联想。联想的每年预算都能基本完成，因为各个部门的负责人都很清楚：在联想不太提倡定一个比较高的目标，定预算的时候要把最坏的情况考虑清楚。

柳传志表示，这一点实际是在部队里面学的。军队的执行能力，融化在柳传志的血液中。"当时我在科学院的时候，科学院的科研人员特别喜欢在完不成任务的时候，强调当时遇到的困难。军队不讲这个，军队只讲功劳，不讲苦劳。为了达到预定目标，要把最坏的情况想清楚，这样才可能达到总目标。"

柳传志指出，决定一个企业成功的要素有很多。其中，战略、人员与运营流程是核心的三个决定性要素。如何将这三个要素有效地结合起来，是很多企业经营者面临的最大困难。而只有将战略、人员与运营有效地结合，才能决定企业最终的成功。结合的关键则在执行。

与传统的认识不同，柳传志认为，有效地执行是需要领导者亲力亲为的系统工程，而不是对企业具体运行的细枝末节的关心。在领导者的亲自倡导下，执行文化应该成为企业的基因，贯穿于企业发展的方方面面。柳传志还是通过企业运行最为关键的三个要素，战略、人员与运营来说明执行力。

"就企业战略而言，任何一个优秀的战略都不是一蹴而就的凭空臆断，都需要企业领导者以执行的踏实心态，对企业所处的宏观经济环境与行业发展特点进行透彻的分析与研究，在这个基础上结合企业自身的资源来确定切实可行的战略规划。在该过程中，核心是解决好'木桶效应'和'指头理论'的问题。具体来说，企业就像一个木桶，由各个业务板块构成，决定这个木桶盛水量大小的是最短的那块板子。如果企业想从平凡走向成功，领导者必须能够发现和补齐使企业'漏水'的最短的那块木板。在这个基础上，企业决策者还要积极发现和发挥'最长的指头'的优势，也就是发挥自己所有业务资源中比较优势最大的一项，来打造自己的核心竞争力。"

"而对于人员的问题，领导者除了要以是否具备执行能力为标准，积极

选拔合适的人员到恰当的岗位上，还要锻炼员工队伍的执行能力，其中最为关键的是要解决三个问题。首先，企业的领导者要让战士爱打仗，要用各种方法调动人员的积极性；其次，要让战士会打仗，要通过持续的练兵提升人员的综合素质和专业化素质；最后，企业决策者还要训练队伍作战的有序性。只有一支训练有素的队伍在投入战斗时才能不乱阵脚，进退有序，才能成为战无不胜的铁军。"

"最后，领导者的执行能力要通过运营流程，通过具体的运营设计来体现，这也是最为困难和最讲究艺术性的一部分。"

链接2

华为全球技服员工职业操守

1. 秉承公司以客户为中心、以奋斗者为本、坚持艰苦奋斗的核心价值观，竭诚为客户服务，并深刻理解生命的珍贵，在履行工作职责的同时，切实做好安全防范措施。

2. 在自然灾害、战争、社会动荡、艰苦环境等任何情况下，保障客户网络的稳定运行、满足客户网络应急服务需求，是我们最基本的职业操守。

3. 遵守客户作业流程规范，遵守公司交付与服务等各项流程制度，未经审批，不能操作客户网络。

4. 保证客户信息安全，任何时候不利用客户网络资源和信息资源，谋取个人利益。

5. 遵守公司采购、内控等各项流程制度和华为员工商业行为准则，至诚守信，不弄虚作假，不假公济私。

6. 加强全球化意识，提升职业化素养。无论工作在世界的哪个地区，都要遵从所在国家的法律法规，尊重当地文化习俗。

7. 坚持不断学习，提高自身的知识和技能，踏踏实实做好本职工作，为客户提供高品质服务。

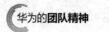

第七章

狼性团队文化

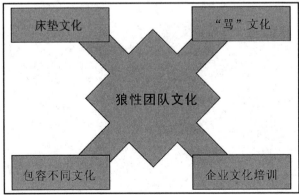

HUAWEI DE
TUANDUI JINGSHEN

2001 年，任正非发表《华为的冬天》，他把狼性文化定义为偏执的危机感、拼命精神、平等、直言不讳、压强原则，让公众首次认识了华为的狼性文化。

狼性文化使华为团队从内心产生了一种高昂的情绪和发奋进取的精神。这种激励不同于通过权利、金钱等方面进行的奖励效应，这是一种自发的、源于员工价值观的拼搏精神。

第一节　床垫文化

华为自创立以来，就有加班的传统，因为当时在通信设备领域，华为没有任何基础，一切都是从零做起。为了能在最短的时间里把高端路由器这块硬骨头啃下来，任正非和技术部的员工们几乎几个月没有下楼，吃

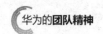

住全在办公室里。由于办公室空间有限，华为的创业团队就买来了一种垫子，累了可以铺开在上面睡一会，不用的时候就像铺盖一样卷好放在办公桌底下，轻便简单。

任正非说："创业初期，我们的研发部从五六个开发人员开始，在没有资源、没有条件的情况下，秉承六十年代'两弹一星'艰苦奋斗的精神，以忘我工作、拼搏奉献的老一辈科技工作者为榜样，大家以勤补拙，刻苦攻关，夜以继日地钻研技术方案，开发、验证、测试产品设备，没有假日和周末，更没有白天和夜晚，累了就在垫子上睡一觉，醒来接着干，这就是华为'垫子文化'的起源。虽然今天垫子已只是用来午休，但创业初期形成的'垫子文化'记载的老一代华为人的奋斗和拼搏，是我们需要传承的宝贵的精神财富。"

"床垫文化"意味着华为团队努力把智力发挥到最大值，它是华为团队精神的一个重要象征。"床垫文化"要求华为团队发扬艰苦奋斗的工作作风，激发出自身高昂的工作热情，坚持锲而不舍的工作态度，最终做到兢兢业业的工作奉献。

在这样的"床垫文化"的鼓励下，华为团队创造了许多的辉煌。从1988年成立至今，华为已经成为中国电信市场的主要供应商之一，并成功进入全球电信市场。华为是全球少数实现3GWCDMA商用的厂商，它已经全面掌握WCDMA核心技术，并率先在阿联酋、中国香港、毛里求斯等地区获得成功商用，跻身WCDMA第一阵营，成为全球少数提供全套商用系统的厂商之一。"床垫文化"促进了华为的超常发展，而华为凭借这种超常发展，成为中国企业创业、创新和国际化的标杆。

任正非曾说，"当我们走上这条路，没有退路可走时，我们付出了高昂的代价，我们的高层领导为此牺牲了健康。后来的人也仍不断在消磨自己的生命，目的是为了达到业界最佳。沙特阿拉伯商务大臣来参观时，发现我们办公室柜子上都是床垫，然后把他的所有随员都带进去听我们解释这床垫是干什么用的，他认为一个国家要富裕起来就要有奋斗精神。奋斗需一代一代地坚持不懈。"

在 2000 年以前的华为总部，除了市场人员，新入职的华为员工无一例外都会到华为食堂旁边的小卖部去买一个 1 米宽的泡沫垫子，用于熬夜加班的过程中休息用。

几乎所有的人都把放在办公室里睡觉的"垫子"当作是华为人辛勤工作的证据，不少企业甚至把这当作是鼓励员工加班的典型案例。在华为发展早期，垫子的确是当初加班、勤奋工作的衍生品，但是那是在 2001 年前。2001 年后，从员工的身体健康及企业的发展定位考虑，华为已不再提倡加班制，并明确规定，普通员工加班需要申请，获得批准后才可以加班，并发放加班费。副总裁以上职位者加班没有加班费。确切地说，从那时起华为的垫子已经逐渐演变成人们中午睡觉的工具了。因此，准确地讲，华为今天的"垫子文化"反映了华为的"平民文化"。

不管是早期因为熬夜加班在办公室睡垫子，还是后来单纯的午睡，在华为发展的不同年代担负着不同使命的这块小小的垫子始终有一个没有变的内涵，那就是将华为人的心连在了一起。加班时他们坐在垫子上吃夜宵，讨论工作，午休时他们躺在垫子上讲个笑话聊聊天，一块几十块钱的垫子，擦去了领导与下属之间的距离，拉进了同事之间的感情，不知不觉地为华为注入了一股强大的凝聚力。

一位华为员工曾这样描述自己在华为所感受的床垫文化："每个典型

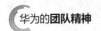

的华为人，都拥有自己的床垫：或者是一张小小的折叠床，或者是一张柔软的睡垫。"

"我还在校园里的时候，就耳闻过这种床垫文化。然而，真正走进了华为之后，才发现床垫文化并没有外界传说中的那么可怕。我属于销服体系，对研发体系的情况不是很了解。但是，至少在我的办公室里，床垫极少是用来夜晚加班的，而更多时候只是用来午休。"

"中午12点吃饭，下午1点半上班。午餐过后，会有接近1小时的空闲时间，这个时候，床垫就派上用场了。美美地睡个午觉，是一天里最放松的时间。秘书们也会在这个时候把办公室的灯关掉，这样就更有利睡眠。模糊记得在公司心声论坛上曾看过一个帖子，内容是一个同事抱怨自己的位置中午被一个同事占去睡觉了。结果，众人的反应似乎都是支持那个午睡的人了。所以，在华为，假如你的位置中午被别人占去睡觉了，那也不要抱怨，这就是文化。"

"公司现在已经是全球化的公司了，由于行业的性质，全球时差，有些工作就需要集中到夜晚。这几天，邻座的兄弟就在跟踪一个南美南的项目。项目最近处于攻坚期，有时候需要夜里开会和南美南团队讨论、解决问题，为此，他最近加班比较多。直接的结果就是，午休的时候，因为有些疲惫，呼噜不已。而且有时候，睡到上班时间也没有醒来，最长的一次，一直呼噜着睡到下午3点钟。旁边一些人的工作也受到一点影响。不过，看着他的倦容，却没有一个人忍心去叫醒他。"

第二节　"骂"文化

古今中外，不计其数的领导人和企业家将责骂作为自己管理人员的一种手段。日本的管理大师松下幸之助早期也是个出了名的火暴脾气，但严厉并不代表他不慈爱，其对得力助手长达9个小时的痛骂换来的却是助手对他由衷地感谢。

如果在中国企业里做一项"民意"调查，来为企业家的"十大特点"排序的话，相信"老板喜欢骂人或训人"这一条一定会位居前列。没有人可以将老板爱讲粗话这一条简单地归结为企业家的文化素质不高。企业家或管理者采取什么样的管理方式，归根到底还是为了达到企业的经营目标，如果在某些场合，骂人是一种比较直接有效的方法，自然就会有人习惯性地采用。如果企业老板喜欢采用骂人的方式，其下属也一定会效仿，企业中也就很容易形成"骂人"文化。

不要说在华为团队内部，就是在深圳，华为的骂文化也是相当出名的。任正非是一个火暴脾气，骂起人来不分场合，不留情面。与很多员工犯了错，老板和风细雨的对其进行鼓励不同，任正非认为对犯了错的特别是管理人员和整个团队，应该对其毫不留情地进行斥责，让其充分认识到错误造成的严重后果以及对该错误有一个刻骨铭心的记忆。特别是公司中层以上的管理者一旦犯了他认为不可饶恕的错误，任正非能将其骂得自己都觉得自己是个十足的罪人。

当年任正非批评华为产品战略规划办的研究过于前瞻时就曾经说过

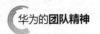
这样的话："我们的战略规划办是研究公司 3 ~ 5 年的发展战略，不是研究公司 10 年、20 年之后的发展战略，我不知道公司是否能够活过 20 年，如果谁要能够说出 20 年之后华为做什么的话，我就可以论证：20 年后人类将不吃粮食，我的道理是……"这些不很中听的话，实际上批评的效果却非常明显，甚至若干年后许多人已经离开了华为，仍然还能记得任正非的许多"经典语录"，并以此作为自己事业发展上的"座右铭"。

这样严厉的风格一是因为任正非是军人出身，难免还保留着军人的作风；但主要原因还是因为任正非觉得斥责下属本身并没有伤害的意思，通过严厉的批评，员工们会对所犯错误进行深刻的反省，认识到如果因为自己的疏忽和不慎，将使整个团队跟着受牵连。这样一来，每个人在工作的时候都会尽量避免错误的发生，一出现难以解决的问题或异常不是遮盖起来，而是及时和同事及领导沟通，一起攻克难关。另外，看到自己的同事和领导受到批评，更能激起整个团队的斗志，大家互相鼓励，互相帮助，不但能大大提高整个项目的效率和质量，而且往往能在同事之间、上下级之间建立起很深的情谊。

一位华为海外团队的员工曾如此描述并感恩自己在华为工作期间的三次被骂经历，并感恩这三顿骂使他一步一步成长为一个合格的国际市场人员。

"第一顿骂是在沙特市场上，初到海外市场的我对客户的需求和竞争对手的动态都很麻木，结果当恶性竞争对手都已经在我们的市场上蠢蠢欲动了，才通过一次高层的拜访发现。地区部的丁总毫不客气在内部会议上把我骂了一顿，之后一周我在办公室都抬不起头来。休假回国，我跟外婆说，不想干了，想离开公司，老人告诉我'男人要经得了事，不要在最低落的时候用离开去逃避'。这句话后面一直陪伴着我。回到沙特，经过半年多的辛勤劳动，我们取得了丰硕的成果，结果在一次总结会上，丁总又当着所有的同事对我的成绩提出了表扬。这顿骂使我明白了商场如战场，赏罚必须分明。"

"第二顿骂是来到欧洲市场后，因为对客户的需求传递得不清楚，导致总部同事电信设计返工了好几次，最后在电话会议上被总部吴总一顿骂，这顿骂使我深刻地体会到了欧洲市场的严格要求，以及客户的职业化，我们的一个疏忽给总部带来不仅仅是额外增加的工作量，更重要的是公司利润的损失。从此任何一个需求和配置我都会和客户反复确认，认真校对。"

"第三顿骂发生在来到意大利市场，我为代表处的汪总准备一个高层交流材料，因为时间紧，做完后也不仔细检查就拿给了领导，等到了客户 CTO 那儿拿出材料，客户一下就指出我们胶片第一页的 Excutive meeting，少了一个字母 e（正确的为 Executive meeting），CTO 拿起笔把 e 添了上去，这个 e 字仿佛也写在了我的心上。事后汪总把我骂了一顿，我也被骂得很'舒服'，在市场上任何一个细节都会决定战争的胜负，市场老前辈们经常说的'细节决定胜负'，其中所包含的内容很多。后面再准备任何材料我都记着提醒自己，再看看，再想想，力争更好！"

由于华为特殊的文化理念，骂文化在一定程度上的确起到了提升士气、凝聚力量的作用，但是随着社会的进步，2000 年后进入华为的大多数新员工都不同程度地对上级经常训斥自己带有抵触情绪。

借鉴了资本主义的生产方式和中国特色的思想统治的华为的管理层也意识到这一点，主动引进西方发达国家先进的人力资源管理理念，科学管理正逐渐取代华为的一大传统特色——骂文化。

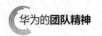
第三节 企业文化培训

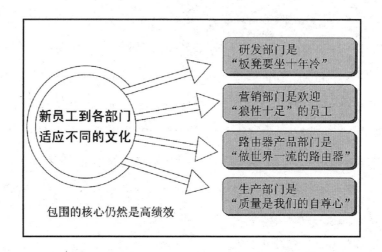

企业文化培训的目的主要是为了能让团队新成员在最短的时间里改变原有的思维定势，学会华为的做人方式，转而了解华为，接受并融入华为的价值观。尤其是现在，华为员工的平均年龄只有 20 多岁，"80 后"一代成为员工的主要群体。对于华为来说，如何教育"这帮没有受过严格的职业素养训练，职业化水平偏低，个人价值观非常强的独生子女"成为一个新的难题。

目前，华为已经形成了一套完善的人才培训体系。华为团队新员工入职后，首先要在华为大学进行文化入职培训。为强化华为文化，新员工到华为早起跑操，迟到要扣分，而且还要扣同宿舍员工的分。

"这不是不人道，是培养团队精神，不能让新员工像在大学一样各自为政。否则，华为一年进来 1.5 万毕业生，如果全是自由散漫的乌合之众，华为原有的文化就要被稀释掉。"中国人民大学教授，《华为公司基本法》起草人之一吴春波解释说，"文化的作用既可以稀释，也可以强化。如果这个文化是很强势的文化，谁进来后都这么做，你不这样做不好意思。"

华为每一批新员工都有专门的培训大队，由包括公司副总裁在内的高级管理人员担任队长。新员工用一星期的时间学习华为的企业文化，建立统一的思想认识。另外任正非本人也会经常亲自到培训班为学员们做一些很有煽动性、很能鼓舞斗志、让人不自觉地就充满奋发向上的活力的讲话。之所以会用这么长的时间来学习企业文化，任正非曾在回答新员工提问时强调，新员工要自我批判、脱胎换骨、重新做人，做个踏踏实实的人。

任正非表示，校园文化与企业文化是不相同的，校园文化没有明确的商业目的，只是教会你去做人。企业文化有明确的商业目的，一切要以商品的竞争力为中心。所以你们要重新做人，做工程商人。

任正非热切地希望年轻人很好地成长。"但人生的道路是很艰难的，你今天很辉煌，明天并不一定很辉煌；你今天虽然满是伤痕，未必明天也不行。你们都要踏踏实实地工作，少去探索那些与业务主题无关的高不可测的问题，到了工作岗位，就要听项目经理的，否则他不给您第一步的发展机会，没有第一步，哪还有后面呢？我要告诫你们，不要认为自己了不起。进入工作岗位后，进步慢的人要努力改造自己，慢的人未必永远会慢，进步快的人更要努力改造自己，否则跟斗会栽得很厉害。太顺利了，反而是人生一大敌人。"

"企业与学校不一样，华为公司等待你们的都是做小事。你们要把'宽广的胸怀'收起来，安安心心、踏踏实实地做小事，你们要顺应华为这个潮流，和大家一起去奋斗。"

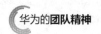

在经历华为大学这一入职的前期阶段，新员工到了各部门也要适应不同的文化。比如，研发部门是"板凳要坐十年冷"；营销部门是欢迎"狼性十足"的员工；路由器产品部门的文化则是"做世界一流的路由器"；生产部门的文化是"质量是我们的自尊心"。但所有这些文化，就好比竹笋的每一层，其包围的核心仍然是高绩效。

我们可以从华为内刊《华为人》第188期中一篇文章的记述中感受到华为对企业团队文化的重视，"华为对员工的培训是耐心而用心的。文化贯穿于培训中，是培训的灵魂。以入职培训为例，员工入职培训一个月，其中文化培训就要用时一周，并要求员工书写学习心得。在华为大学，不经意间发现一面贴满新员工文化培训心得的白板，字里行间真情流露，足见培训效果了。期间，华为会安排返聘的科研院所的老专家们互动交流，新员工们无不被他们的敬业、执著与朴实所感动；华为还会安排新老员工的沟通会，交流工作与生活中的心得感受，帮助新员工尽快熟悉工作与生活环境。华为，正是通过这样的点滴积累及流程制度的规范引导，将文化基因嵌入了每个人的灵魂，塑造了具有独特魅力的华为团队。"

第四节　包容不同文化

华为国际团队的外籍员工比较多，世界各个国家、各种宗教的都有，核心文化和做事风格有很大的不同。针对不同点，企业有哪些原则的改变，比如说语言上和国际化的礼仪上，商业贸易的规则上等等，华为的做法是收敛，收敛到大家都能接受的地步，来形成企业的核心价值观。

　　1999 年，华为来到沙特，从最初只有 2 人，发展到 2005 年底的 300 多人。沙特是一个纯粹的伊斯兰国家，每天都要做祷告，祷告时间一到，他们会成群结队地去清真寺，直到祷告结束后才回来继续干活。对此，华为沙特分公司的中方外派人员也都习以为常了，入乡就得随俗。

　　但随着海外市场的拓展，本地员工与中方员工的矛盾也凸现出来。首先是文化的"摩擦"。中东北非地区部在发展进程中，也出现过这种中外员工文化上的摩擦：一位中方员工与本地外籍员工开玩笑时，他拍了一下对方的臀部，这在中国，没人会介意；但在穆斯林地区，情况就不同了，那里的习俗是男人的身体不能触摸。以此为契机，华为组织培训了"伊斯兰文化"，并制作光碟发放给中东北非地区代表处培训学习，要求中方员工尊重并了解当地的文化，了解当地的法律法规。最重要的，华为认为要从制度、流程开始，以规范化的国际大公司形象出现。通过跨文化培训和制度流程规范建设，中方员工的言谈举止更加职业化了，不像以前那么随意，本地员工与中方员工的关系也更加和谐友好了。

　　华为团队一位曾经获得"华为全球'优秀国际营销人员'"的员工说道，做海外市场，首先要理解当地的文化。唯有理解，才能化解其中种种的排他性，真正把外在的东西内化为自己的思维，接受它，爱它，享受它。任何企业，只有适应当地的文化，才可能获得当地市场。比如，沙特人一天要祈祷 5 次，每次半小时。所以做工程要保证工期，须提前考虑这些因素，提前准备、提前预警、规避延期风险。另外，沙特的特点是节奏没有国内快，很重视亲情，所以不能像在国内常利用业余时间与客户联系，在这里需要采用全新的方式。

　　山西商人，尤其是首创中国历史上票号的山西票号商人，曾在中国历

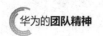

史上非常显赫。其重要原因之一，就是晋商虽是地方性商人，但由于商业活动遍及海内外，他们很重视吸收当地文化，适应当地习俗。据《清稗类钞》载：山西票号伙友"在蒙古者通蒙语，在满洲者通满语，在俄边者通俄语。每日昏暮，伙友皆手一编，习语言文字，村塾师徒无其勤也"。旅蒙晋商大盛魁不仅要求伙友学会蒙语、俄语、维吾尔语、哈萨克语，熟悉蒙地习俗，而且要学会针灸和简单的医药，用以疏通商人和蒙民等少数民族的关系。可见，晋商经营文化，是经商实践活动中，重视吸纳所到之地的文化，主动适应当地的文化习俗礼仪而形成的，是一种开放的、多元的文化。

可见，无论是在国际上，还是在国内区域都需要经营者与当地文化进行融合，以达到本土化，才可将事业发展壮大。

第八章

团队领导力

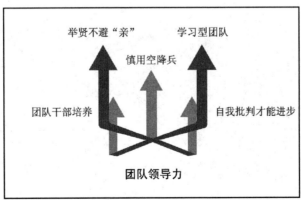

举贤不避"亲"　　　学习型团队

慎用空降兵

团队干部培养　　　自我批判才能进步

团队领导力

HUAWEI DE TUANDUI JINGSHEN

第一节　团队干部培养

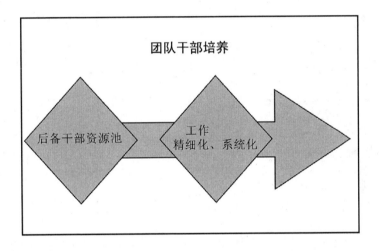

注重下属领导力的培养，是职业经理人和企业家的主要区别之一。对于大多数企业家来说，只有他愿意并且做好全面准备，才会交出领导权职位；相比之下，职业经理人却需要时刻做好准备，随时完成工作交接。因此，对于优秀的企业和称职的职业经理人来说，接班人和领导力的培养，应该是日常工作中最重要的内容之一。

2005年3月21日，在阿里巴巴网商论坛广州站的主题演讲上，阿里巴巴集团CEO马云在深入分析团队建设问题时这样说道："企业的领导干

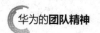

部是永远让 CEO 最头痛的问题。"

团队干部是内部培养还是外部空降，这是领导者们所要考虑的问题。

令 GE 人引以为豪的就是 GE 培养企业领导人。GE 也认为，领导人与对领导人的培养是 GE 成功的重要原因之一。GE 的机制培养了无数优秀的人才，以至于 GE 发展人才与培养接班人计划的做法早在 20 世纪 50 年代就被写进了教科书，作为风靡全球财经领域的经典案例。

在戴尔，挖掘核心人才的领导潜力被视作企业发展的一项重要战略。戴尔的核心人才管理体系囊括了一系列人才培养项目和方案，旨在系统性地对人才进行评估、规划和开发。其中，戴尔"组织人力资源规划（OHRP）"、"人才规划（People Planning）"和"个人发展规划（Individual Development Planning）"堪称戴尔核心人才管理体系的代表性项目。此外，戴尔的最高管理层必须定期审查核心人才的培养进程和轮岗情况、亲身传授指导计划课程，并持续跟踪企业内部管理人才通道的建设情况，来保证核心人才的培养和建设。

任正非表示，华为 1997 年管理力度最大的是对人的管理，它的重担落在了全体干部的身上。人力资源委员会要充分调动各级行政部门的力量，深化考核评价体系。华为要用两三年时间理顺公司的内部关系，建立起科学合理、充满力量的内部动力机制。要培养造就一大批高中级干部，形成华为的核心力量。公司将在人力资源管理部建立荣誉部，在人力资源委员会建立纪律检查领导小组。让一批最有培养前途的干部和现职主官参加纪律检查，这是对高中级干部是否敢于坚持原则、敢于管理进行检验的一块试金石。要加强公司的廉政建设，这是攸关公司生死的问题，要坚决提倡廉洁奉公的作风，要加强管理干部的年度审计。

团队干部和后备队的培养，成为华为全球化发展进程中的重中之重。如何打造一支真正职业化的铁军团队以支撑公司全球化发展，也就成为华为各级部门和管理者的共同的和首要的任务，也是华为赋予华为大学的重要使命。

华为公司业务正在进入一个新的以业务全球化为特征的高速发展时期，但干部队伍的数量和质量都严重不足，有大量管理岗位的空缺需要合格的后备干部去填补，后备队制度成为华为人力资源管理变革和团队建设的一项重要内容。

华为团队的干部分为 3 种，30% 的第一种干部属于后备队，有机会到华为大学进行管理培训，培训优秀的人有可能在下一届得到实践机会；最后面 20% 的干部属于后进干部，后进干部是优先裁员的对象，所以他们就拼命往中间挤，促使中间的队伍拼命地往前跑。于是形成了一个良好循环，只要是进步，想成为优秀的华为人，就必须努力、努力再努力，争取进入后备队，然后才有机会成为正式的华为人。这一过程充满了残酷的竞争，但是也正因为这样，它成功地锻造着一个个充满攻击性的具有华为特征的人才。

2005 年，华为战略决策全面推动干部和后备队建设工作。

后备干部资源池

满足大量的团队干部需求要以建立足够数量的分层分级的后备干部资源池为保证，建立后备干部资源池的本质是建立一套动态的、例行化运作的后备干部选拔、考察、培养、淘汰、使用的机制。它就像一只不停摆动的筛子，人们在这里要么进步要么被淘汰，没有第三个选择。

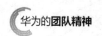

在华为，这是一个宽进严出的系统，可以通过各级管理团队推荐，也可以自荐，但必须通过对关键否决条件的审核才能进来。进来了，就将接受更多、更艰巨的任务与挑战，同时也受到比对其他人更为严格的考察与约束，这个过程就是培养。

这也是一个开放的系统，这一轮被淘汰的人，改进后还有可能再进来，但进来了就随时有可能被再次淘汰。因此这是一个熔炉而不是保险柜，只有那些始终能够通过最严格考验的人，才能真正走上各级管理岗位，不进则退是这个系统最基本的出发点。

严酷的竞争形势要求华为干部队伍的所有成员都必须从思想上、行动上保持一种随时可以进入战斗的紧张状态，如果管理者侧重于对安逸和享受的追求，就必须退出管理岗位，不再承担管理责任。

工作精细化、系统化

华为对于团队后备干部队伍的管理工作做得很细，操作指导性很强。

华为在推行 IPD（集成产品开发方法）时，能得到成功，很大的功劳在于资源池的建立。华为技术优秀的人很多，但是普遍缺乏管理能力，跨部门的经理太缺乏，合格的项目经理人员很少。华为的任职资格主要从项目经理入手，通过对有经验的高层的访谈，借鉴国外的任职资格标准，比如：NVQ、波音公司技术协会、日本 IBM 等。华为制订了项目经理的素质模型，然后对后备干部进行评估，发现素质缺失，立即进行有针对性的培训。在实践中还要对他们进行行为评估，根据需求开发培训课程。

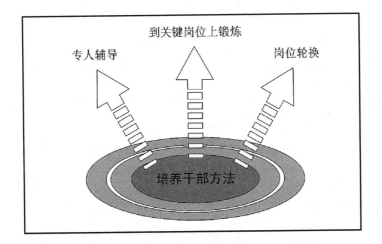

另外，不同于国内一些企业，华为培养干部的做法十分精细：

1. 通过专人辅导，解决在课程学习中学不到的知识。比如总裁秘书，有些高级人才就采取任命为总裁秘书的办法，加速其成长。

2. 到关键岗位上锻炼。比如，华为设计了很多副职，根据管理学家彼得·德鲁克的观点，设计副职是不科学的，会造成职责混乱。但是华为设立的副职，对培养人才起了很大的作用。任正非的观点是：流失任何一个人，都不会影响公司的绩效，这就需要建立资源池，走了任何一个人，都能有人马上顶上去。

3. 岗位轮换。这是华为把研发管理人员派到市场一线锻炼的办法，以提高研发人员对市场的认识。

2006年1月，深圳总部华为大学迎来了首批干部后备队员，一共19名，有来自华为研发、销服一线的有优秀业绩贡献的骨干员工和基层管理者。队员们经历了为期半年多紧张培训和培养，完成了课堂学习、实践锻炼和论文答辩各个培养环节。9月4日~9月5日，这19名队员迎来了他们的结业答辩，为期两天的结业活动包含学员论文答辩及综合评议、与公司

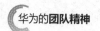

领导座谈和结业典礼三个部分。学员论文答辩及综合评议由后备队员所在体系或部门管理团队成员、干部部长、党委领导、人力资源部领导、华为大学学员鉴定中心成员及与后备队员直接对应的业务体系的优秀四级管理者组成。经过严格评议，首期 19 名三级干部后备队员均顺利通过，并在结业典礼上获得了华为三级干部后备队培训结业证书。

华为为这些顺利结业的干部后备队员开展了结业典礼，任正非在会上发表讲话，他强调："选拔你们只能说在一个阶段中肯定了你们的成绩，但你们并不是进入到了保险柜，淘汰在你们中间将更加严格。只有努力去学习，特别是学习干部的标准。要奋斗，要前进，才不会被淘汰。"

任正非亲自在干部后备队结业证书上写道："只有牺牲精神的人，才有可能最终成长为将军；只有长期坚持自我批判的人，才会有广阔的胸怀。"

干部后备队培养的目的在于产生一批能够理解、执行、传播华为核心价值观和文化，并且具备符合公司战略发展所需的领导力素质和技能的干部队伍，以支撑公司业务快速增长和国际化过程中干部队伍建设所面临的巨大挑战和压力。显然，华为在这点上做到了。

任正非说道："我们既重视有社会责任感的人，也支持有个人成就感的人。什么叫社会责任感？什么叫个人成就感？'先天下之忧而忧，后天下之乐而乐'，这是政治家的社会责任感，我们所讲的社会责任感是狭义的，是指对我们企业目标的实现有强烈的使命感和责任感，以实现公司目标为中心、为导向，去向周边提供更多更好的服务。还有许多人有强烈的个人成就感，我们也支持。我们既要把社会责任感强烈的人培养成领袖，又要把个人成就感强烈的人培养成英雄，没有英雄，企业就没有活力，没有希望，所以我们既需要领袖，也需要英雄。但我们不能让英雄没有经过社会责任感的改造就进入公司高层，因为他们一进入高层，将很可能导致公司内部矛盾和分裂。因此，领导者的责任就是要使自己的部下成为英雄，而自己成为领袖。"

第二节　举贤不避"亲"

自古以来，对"举贤是否避亲"这种行为的看法就没有一个统一意见。有的认为任人唯贤，举才要避亲，有的认为举贤不应该避亲。

在中国的民营企业中，很大部分是家族企业，在企业开创初期，"举贤不避亲"这样的管理方式的确能带给企业相对稳定、成本低等方面的优势。但这样的管理模式也因其先天的不足而让许多企业家避而远之。万科集团的王石就是典型的一位。他曾说："对职员的尊重还体现在要给他一个公平竞争的机会。这一点恐怕在中国企业中是最大的问题。古语说：举贤不避亲。但我认为，在中国企业当中如果要形成一种公平竞争的机制，举贤是一定要避亲。"

"要讲机会均等，我们中国传统社会叫做举贤不避亲，也就是说比较在乎血缘、地缘的关系，中国的新兴企业以家族为纽带，或者是以家乡子弟兵为纽带，这样是很难机会均等的。比如说，如果我有一个亲戚，侄子或者是外甥在万科工作的话，我跟人力资源部说要平等对待他，实际上是不可能的，这还是董事长的外甥，更不要说董事长的女儿在万科了。所以到目前为止，我是做得很极端的，我没有一个亲戚在万科（工作），我们家的姊妹挺多的，我姊妹八个。万科自始至终没有我的亲戚，既没有直系，也没有旁系，没有我的大学同学，没有广州的旧同事，也没有儿时的玩伴。当然我刚才讲了，我做得是比较极端的。讲到这点，如何机会均等，我觉得这是非常重要的。万科走了很多弯路，尤其是我们搞企业的，在产业的选择和结构上万科走了一条很长的弯路。但是在尊重人上，（万科一直）把人放在最重要的位置。"现代企业制度建立，有些企业已经开始限制夫妻同在一个单位工作。万科的执行是非常坚决的。企业要求员工入职时要如实申报在公司内是否有亲朋好友，如有，必须声明。

"举贤避亲"的考虑避免了企业人际关系复杂所带来的管理问题，给职员提供公平竞争的机会，公司内年轻职员完全凭自身能力获得没有天花板的上升空间，而不是靠裙带关系。

但华为总裁任正非与王石的观点不同，他主张"举贤不避亲"。不过他所言的举贤不避"亲"，具有更广泛的内涵——他所说的"亲"，是指认同华为企业文化的所有人，甚至包括可以被塑造成认同华为企业文化的人。

任正非表示，在任人唯贤与任人唯亲相结合的干部制度下，造就一支融洽的管理团队。"我们说这个任人唯亲是指认同华为文化，而不是指亲属。对拥有专业技术的新员工，我们要团结爱护他们，放在一定的岗位上使用，而不因他们暂不具有华为文化而歧视他们。"

任人唯贤是指提拔有能力、有贡献的人作为公司的领导，但在华为，仅仅具备能力，有绩效，有良好的销售业绩是不够的，还需要认同公司的价值观，这就是任正非所提倡的任人唯"亲"。显然，任正非所指的任人唯"亲"与传统意义上的任人唯亲在内涵上是有区别的。在华为，只有认同公司的企业文化才有可能得到提拔任用。

同时，任正非也对举荐贤人有一定的考核要求。在华为，每位员工都有责任向公司推荐优秀的合格人才，但却不主张中层以上干部向公司推荐大学本科以下学历的人员。如果推荐这样的人员，推荐人必须承担连带责任。与此同时，被推荐来的低学历人员，报酬给予最低标准，试用期3个月后，经过经营团队讨论通过才可留用，以后每年至少考核一次，如果其成长性跟不上公司的发展，即可辞退。

曾是华为公司海外市场创始人和核心主管之一的张贯京在其著作《华为四张脸》中这样记述道："老板对子女和亲属的要求非常严格。老板的子女和亲属在公司不仅平易近人，而且非常低调，甚至隐姓埋名，但是又往往担当着非常重要的职务，使华为看上去完全没有私营企业或者家族企业的影子。"

"老板的一个妹妹担任过公司的资金计划部总监和审计部总监；老板的女儿担任过香港华为的财务经理，现在是华为财经管理部副总裁；老板的弟弟担任过公司的行政采购部总监和客户工程部总经理；老板的另一个妹妹担任过公司的出纳部总监。"

第三节　慎用空降兵

中粮集团董事长宁高宁曾说："企业的空降兵，无论是哪个层面上的，都会是一件很尴尬的事，就像是一场正在进行的激烈的足球赛中突然换上一名队员，这名新队员对他的队友和球队的打法并不了解，他要在比赛中融入到队伍中去，很容易造成慌乱；空降兵又好像一位陌生人闯进了一场

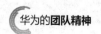

热热闹闹的家庭聚会，他不知道大家正在谈什么，也不清楚这个家里的很多故事，这时候他开口讲话，很容易唐突。"

"企业是一个有机的生命体，它有大脑，有耳目，有骨骼，有肌肉，有心跳，有呼吸，具备了一个有机生命的所有特征。从这个角度来看，企业自然的、有机的成长是最健康，风险最小的。空降兵是外来的，外来人加入到企业组织中来，有点像器官移植，可能会带来新的变化和动力，但也一定伴随着额外的风险，这与企业通过并购来发展有相似的道理。前几天见到可口可乐公司的董事长，问他为什么在退休了两年多以后又回来公司工作，他虽然说了很多原因，但我相信，可口可乐不想请一个不是可口可乐公司的人来做董事长是主要原因。"

"虽然这样，这几年企业界空降兵的现象还是很多，成功的像是 IBM 的 Louis Gerstner，不成功的也有离开公司的惠普的 Carly Fiorina。虽然我们的公司与人家比起来差得很远，有些不可比，但其中的道理是一样的。虽然空降兵因为缺少了平稳的延续性，会带来更多的挑战，但它在企业发展的某个特定阶段上，作为企业管理和改革的一种方法，看来还会继续存在。同时，这种方法无论是对企业，还是对新加入到企业中的空降兵本人，都会带来更多的考验。"

1997 年末，任正非去美国出了一趟"差"，其间访问了 IBM、休斯、贝尔实验室和惠普等世界顶级企业。美国人在技术上的创新精神和创新机制，给任正非留下了非常深刻的印象。但他感触最深的，还是美国企业优良的管理。回国后，任正非又撰写了一篇文章《我们向美国人民学习什么》："美国与华为差不多规模的公司，产值都在 50 亿到 60 亿美元以上，是华为的 3 到 5 倍。华为发展不快，有内部原因，也有外部原因。内部原因是不会管理，而外部原因是社会上难以招到既有良好素质，又有国际大型高科技企业管理经验的空降部队。即使能招到，一人、两人也不行，我们需要一个群体。"

华为这种团队干部选拔制度，实际上也是对员工的一种激励，即只要在基层认认真真、踏踏实实工作的员工，都有机会晋升为公司的管理层。任正非在一次内部会议上曾对员工这样说："我主张你们在实干中不断提升自己的实际能力、管理能力，对人的团结能力。但是团结要讲原则，要加强原则性的团结。华为公司跨入新世纪以后，需要大量干部的时候，我们还是要在你们中间选拔优秀干部。但是即使有两个不优秀的，他们开后门上去了，不要怕嘛，我们都是有标准的，他干了一段时间干不了那活，他也得下来。一个人优点突出，缺点也会很突出，大家评议他的优点的时候，也常会评议他的缺点。结果这个有缺点，那个有缺点，都上不去。结果找了一个人，嘿，这个人大家都觉得没有意见，上来的却不是人才。怎么防止呢？就是要有多少年的记录，这些年走过的脚印是谁都不能否定和磨灭的。这样我们就能产生一大批优秀的干部。我们将来有根据拿出来，1937年他打过日本鬼子，1938年受过伤，1942年的时候他还到敌后去钻过青纱帐。那么一步步记录下来，我们选拔干部的时候是一目了然。大家埋怨我们，说我们有时候是乔太守乱点鸳鸯谱。你说不点怎么办？8000多人能认识几个？要做好调查吗？精力很有限。因此我们现在使用干部的过程中，也缺乏很深刻的依据。我们通过各种管理活动，通过各种管理工作，大家的评价，将大家的活动作个记录，即使没有得奖，我认为也应该记录，只是得奖的人多了1%的退休金。我认为这些记录对你一生的成长是有帮助的，但是，千万不要为功臣所累，不要以为自己是功臣了，就得

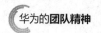

意忘形了，那好，你就可能栽在这个自满的基础上了。"

任正非虽然一贯主张从内部培养干部，但同时他也积极学习国外先进的管理方法，引进国际先进的人才任用机制，与华为实际相结合，探索出一条具有华为特色的用人道路。在华为，几乎所有的高层管理者都不是直升上去的，更没有"空降兵"。

任正非表示，并不是外来的"空降部队"就一定不好。很多公司的历史经验证明，"空降部队"也是好的，但是其数量绝对不能太大。问题在华为能不能把这支"空降部队"消化掉。如果不能消化掉，任正非认为华为就没有希望。那么，华为现在有没有消化"空降部队"的能力呢？任正非的答案是，没有。因为华为每级干部的管理技能和水平实际上都是很差的。

"比如说，从哈佛大学来的几个博士，他们做的那套东西我们适应不了，结果，我们既没有受到教育，他也没有发挥作用。如果我们把他用到负责岗位上，他那个指挥系统可能就会搞得一塌糊涂。但是，如果我们不用他呢，像我们这样的'农民'，何时才能革命成功呀。"

华为近年来确实开始尝试吸纳国际化的空降人才，如聘请了近100名香港员工做财务工作，还聘请了一位来自IBM的采购总监做副总裁，但该副总裁一直无法适应华为的工作环境，也与华为人无法很好的沟通，一些华为干部由当初对该空降兵的敬仰、畏惧，逐渐变成了不耐烦、质疑，最后发展到了公开顶撞。最终，该名华为有史以来引进的第一名也是唯一一名"洋"空降兵悄然辞职。

任正非经常表示：华为要引进丙种球蛋白（丙种球蛋白也叫免疫球蛋白，把特异性抗原物质接种到机体，人体将产生特异性免疫力）。他想表达的意思是华为将通过引进外部人才使内部机制保持鲜活。但不少观察家分析认为，尽管任正非意识到来引进外来人才的问题，但由于华为"集体奋斗"的文化影响，华为的创业者很难接纳外界坐享其成的"空降兵"，华为未来的接班人最终将产生于华为内部。

第四节　学习型团队

学习，无处不在、永无止境。学习不仅是提高个人工作能力、综合素质的重要手段，更是社会发展的要求，因此"创建全民学习、终身学习的学习型社会，促进人的全面发展"使学习这一行为被赋予了崭新的时代意义。

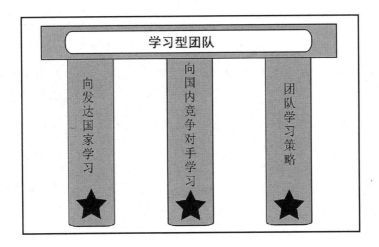

通用电气前 CEO 杰克·韦尔奇曾说：一个企业学习的能力，以及把

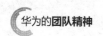

学问迅速转为行动的能力，就是这个企业最终的竞争优势。学习型组织有很强的创新和适应能力。

学习型组织在全世界范围内的传播是伴随着《第五项训练——学习型组织的艺术与实务》一书的问世而兴起的。该书作者彼得·圣吉博士整合美国麻省、哈佛著名教授的成果，吸取东西方文化精华，历十年之功，提炼而成。所以受到世界企管界的普遍推崇。彼得·圣吉博士明确指出，未来企业的竞争是学习能力的竞争。

所谓学习型团队，是指通过培养弥漫于整个团队的学习气氛、充分发挥团队成员的创造性思维能力而建立起来的一种有机的、能持续发展的团队。这种团队具有持续学习的能力，具有高于个人绩效总和的综合绩效。

打造学习型团队，并不是简单的指组织大家在一起学习，而是指通过培养弥漫于整个团队的学习气氛、充分发挥员工的创造性思维能力而建立起来的一种有机的、高度柔性的、扁平的、符合人性的、能持续发展的团队。

注重"学习"的任正非往往能用科学的原理从更深层次分析问题，制订战略。这样的企业家往往能带着企业走得更快，走得更远。这一差别在企业管理方式上的影响是巨大的。

在任正非的带领之下，华为成为一个真正的学习型组织。在通讯行业，技术更新速度之快，竞争之激烈是其他行业所不能比拟的。如果华为学习能力不够强大，就一定会被淘汰。所以，任正非一直强调，世上有许多欲速则不达的案例；作为华为人必须要丢掉速成的幻想；学习日本人踏踏实实、德国人一丝不苟的敬业精神。

作为一个从小作坊发展起来的民营高科技企业，学习是华为提高竞争力，不断取得进步的唯一途径。在吸收了西方先进技术的基础上，华为人发挥自己的创造性，研制成功了在华为发展历史上具有战略意义的 C&C08 机，这是华为善于学习、精于创造的典型案例。

任正非在答新员工时说道："你们都应该不断努力学习，不断提高认识事物、认识问题的能力。你们还要特别注重向别人学习，看看你身边的老员工是如何做的，学明白了再去创新，一点一滴、一步一步走向成熟。"

华为著名的坂田基地里所有道路都是以中外著名科学家的名字命名的，像贝尔路、冲之路、居里夫人路、稼先路、张衡路等等，这些路名都是任正非亲自命名的，而这种独特的命名方式使得原来如农村一般的坂田镇显得那么与众不同。

向发达国家学习

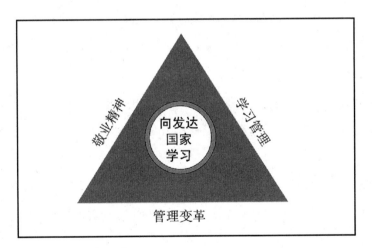

任正非平时非常注重向发达国家学习其先进的理念。他曾多次带领华为高层团队去美国参观学习，美国信息产品的兴衰更替留给任正非很深

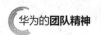

的印象。美国占据了世界 60% 的电子市场，而在这股信息热浪中不断出现引领时代潮流的英雄，他们和一些著名的但已经消亡的企业一样，虽然昙花一现，然而却留给后来人诸多的感慨和教益。任正非认为，向他们学习是避免华为过早消亡的正确做法。

伴随着华为走向海外市场，任正非接触到的外国企业也越来越多，而华为与这些企业之间的巨大的差距也让任正非感到了强大的压力和危机。

1994 年 ~ 1995 年，任正非先后访问了阿尔卡特设在法国北部的工厂，以及德国西门子公司，他们先进的生产技术水平和员工的敬业精神，使任正非受到了很大的触动。由此，他提出了对华为明天的憧憬，即"阿尔卡特的今天就应该是我们的明天"，并希望华为人也能有德国人那种耐心和细致。

这一时期，华为在国内市场上大踏步前进，开始投入商用的 C&C08 机在国内迅速打开市场，成为中国广大农村通信市场的主流设备之一。1995 年，华为北京研究所决定负责数据通信业务，逐步形成了"技术华为"的经营战略。可以说华为当时在国内的发展势头大好。

然而对于任正非来说，他在周游世界的过程中清楚地看到华为与国际竞争对手的巨大差距，所以华为在国内取得的这些成就自然并不能让他感到欣喜。

1997 年末，在西方圣诞节的前一周，任正非率队访问了美国休斯公司、IBM 公司、贝尔实验室与惠普公司，访问的重点在于学习管理，学习这些公司如何由一个小公司向规模化转变，如何走出混沌。结束访问回到旅馆后，任正非等人把自己关在硅谷的一家小旅馆里，点燃壁炉，将圣诞节美国处处万家灯火隔绝在窗外。他们三天没有出门，开工作会议，消化访问笔记，并整理出一厚叠简报准备带回国内传达。任正非强调说，我们只有认真向这些大公司学习，才会使自己少走弯路，少交学费。这次经历后来记录在他的一篇《我们向美国人民学习什么》的文章中。其中，任正非这样写道："纵观美国信息产业的兴亡史，令人胆战心惊。五百年春秋战国如果缩到一天内进行，谁是英雄？巨大的信息潮，潮起潮落。随着网络技术与处理技术的进步，新陈代谢的速度会越来越快。因此很难再有盖棺定论的英雄，任何过路的豪杰都会对信息业的发展给以推动。我们应尊重他们，学习他们，批判地继承他们。"

从 1998 年开始，以任正非为首的华为高层团队的这种虚心学习的精神，追求上进的热情开始转化为实际行动，华为实施了一系列向发达国家学来的管理变革。现在看来，正是这些变革使得华为能够始终保持稳定的发展和旺盛的活力。而这恰恰是许多民营企业无法做到的。

可以说，任正非这种重学习、追求上进的态度，不但对企业管理工作的不断改进起到了良好的推动作用，而且还深深地感染了华为的员工，使他们也能够不断地追求进步。这和许多民企重关系、轻学问的做法形成了一个极为鲜明的对比。虽然华为的高科技企业的定位决定了华为比一般企业更重知识，但是能够把这种学习的态度放到对待管理的进步，放到如何发展企业的高度，绝非随便偶然为之或一时之举。应该说它体现的是任正非的一种"彻底"上进的观念。

向竞争对手学习

1996 年 6 月，在一次庆功大会上，任正非做了讲话，他要求华为团队在庆祝胜利的同时也认清自己的实力，找出差距，完善公司管理。"当前，

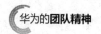

我们就要认真地总结经验、教训，及时地修正，不断地完善我们的管理。当我们的发展处于上坡阶段时，要冷静正确地看自己，多找找自己与世界的差距。前不久郑宝用率团参观了上海贝尔，感叹贝尔在生产管理与工艺装备上的巨大进步，真是堪称世界一流。由于规模大，必然成本低，他们的管理很科学，质量很好，10年的引进，使他们较快地与国际接轨。"

"中兴公司与我们同处深圳，朝夕相处，文化比较相近。中兴在'做实'这个方面值得我们基层员工好好学习。华为在'做势'方面比较擅长，但在做实方面没有像中兴那样一环扣一环，工作成效没有他们高。"

任正非认为国内竞争对手也有很大的优点，而且他们进步的速度也很快，华为应该学习他们的优点，弥补自己的缺点。当然，与国际对手相比，华为需要学习的地方就更多了。任正非最后总结说："与国际著名公司相比，我们还缺少可比性。在国际市场的竞争中已明显地暴露了我们的弱点。外国公司的人评述，你们的设备很好，但太年轻，缺少国际经验。我们的队伍年轻，敢想敢干，在局部上突破一些技术的前沿，取得了进入国际市场的资格，但面对国际复杂网、多网合一，我们年轻的队伍是否受得了？看看世界，比比自己，还需要百倍的努力。"

团队学习策略

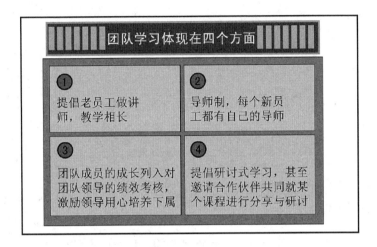

据说，任正非自己每周至少会读两本新书。华为内部的活动奖品大部分是书。除了自己不间断地学习，任正非还号召员工不断学习，他在讲话中多次说道："我们提倡自觉地学习，特别是在实践中学习。只要自觉地归纳与总结，就会更快地提升自己。"

任正非多次在员工教育会上讲，我们要赶超发达的资本主义国家，就应向他们学习长处，任何一个人在新事物面前都是无知的。要从必然王国走向自由王国，唯有学习、学习、再学习，实践、实践、再实践。

学习，是华为的生活方式。华为提倡员工学习，即使是贵宾餐厅的服务人员或司机都会接受专业培训，不仅是本职工作所需的技能，还需要学习公司的文化、服务礼仪、沟通艺术等。服务人员需要学习对贵宾楼里每幅画的欣赏与讲解、各大菜系的特点；司机需要学习英语口语等。正是华为如此注重培训、关注每一个员工的素质提升，才有了每个环节的五星

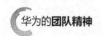

级服务。华为的服务，使产品增值；华为的培训，使员工增值。

华为有外聘老师，有自己的专职教师，更多的是员工兼职授课。更值得一提的是华为的团队学习。华为的团队学习体现在四个方面：一是提倡老员工做讲师，教学相长；二是华为的导师制，每个新员工都有自己的导师，如果学员成长优秀，导师还会被授予优秀导师奖；三是华为将团队成员的成长列入对团队领导的绩效考核，激励领导用心培养下属；四是华为提倡研讨式学习，甚至邀请合作伙伴共同就某个课程进行分享与研讨。华为的这种相互分享、共同成长的团队氛围促成了整个团队的快速成长。

第五节　自我批判才能进步

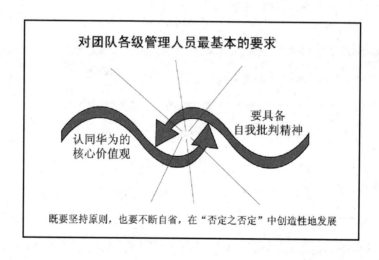

人类之所以能够不断取得进步、向前发展，是因为人类会思考，会自我批评，会在自己的生命旅途中不断地进行自我反省，然后发现自己的不

足，改正自己的不完美之处。

2008 年一个偶然的机会，华为团队的一线人员在某地听到客户在不经意中说了一句："我们的机房空间有限，却要安装你们三套网管系统，或者要摆几台电脑，都是华为的设备，为什么不能统一网管，怎么这么麻烦啊？"

原来当时由于传送、接入、城域、IP 等产品领域各自为政，网管没有统一的解决方案，所以就出现了有几类设备，就要摆几台网络管理终端的局面。而"网管"的本质是帮助客户更简单地操作和维护网络，降低客户运维成本。于是，听取了客户的需求，产品线决定开发统一网管解决方案，来协助客户。

在开发过程中却出现了专家"打架"的局面：传送网管的专家坚持按"设备"管理方案；接入网管的专家坚持按"特性"管理方案……秉持着各自的观点互不相让，讨论了十几轮，依然久拖不决，毫无进展。

陷入僵局之时，一位主管说："我们每个域专家不能只看到自己方案的强项，每个人都自我批判一下，究竟有没有真正欣赏别人方案的心态？"转机由此出现，大家开始心平气和地交流。最终融合原有设计，解决了上述架构难题。在 2009 年的网络技术专家反思大会上，专家们再次回顾了这个案例，有人感慨地说："之前的确是因为自己心态不够开放，习惯于从单产品的角度思考问题。其实专家更需要如海绵一样开放的心态，去接纳和欣赏别人。"

这件事让华为员工明白，工作中多一些自我批判和反思，会像"鸡毛掸子"一般掸掉思想上的灰尘，使大家团结前行。

2008 年的奋斗贡献表彰大会，也是在同一个体育馆，数千华为人济

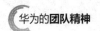

济一堂，共同聆听任正非"从泥坑中爬出来的是圣人"的讲话。会上"只有强者才会自我批判，也只有自我批判才能使你成为强者"的话语使人振聋发聩。

任正非认为，学习和进步是华为企业文化的精髓，而懂得自我批判就是进步的利器。

自我批判不是今天才有，几千年前的曾子曰"吾日三省吾身"；孟子曰"天将降大任于斯人也，必先苦其心志，劳其筋骨，饿其体肤，空乏其身，行拂乱其所为，所以动心忍性，增益其所不能"；毛泽东同志在写文章时，要求"去粗取精，去伪存真，由表及里，由此及彼"，他们都是自我批判的典范。没有这些自我批判，就不会造就这些圣人。

任正非曾是"毛泽东思想"的学习标兵，他也从不否认自己的"毛泽东情结"，是一个被西方通信业界称为"用毛泽东军事思想"指导公司的领导者。毛泽东一直提倡批评与自我批评，他曾经这样强调"自我批评"的重要性，"有无认真的自我批评，也是我们和其他政党互相区别的显著的标志之一。"任正非传承了毛泽东这种思想，他将"自我批评"转化为华为的管理思想，提出了管理人员必须要具备"在自我批判中进步"的观念。

为什么要进行自我批判？任正非说道：

"华为还是一个年轻的公司，尽管充满了活力和激情，但也充塞着幼稚和自傲，我们的管理还不规范。只有不断地自我批判，才能使我们尽快成熟起来。我们不是为批判而批判，不是为全面否定而批判，而是为优化和建设而批判，总的目标是要导向公司整体核心竞争力的提升。"

"这些年来，公司在《华为人》《管理优化》，以及公司文件和大会上，不断地公开自己的不足，披露自己的错误，勇于自我批判，刨松了整个公司思想建设的土壤，为公司全体员工的自我批判，打下了基础。一批先知先觉、先改正自己缺点与错误的员工已经快速地成长起来。"

"要活下去，就只有超越，要超越，首先必须超越自我；超越的必要条件，是及时去除一切错误；去除一切错误，首先就要敢于自我批判。古人云：三人行必有我师，这三人中，其中有一人是竞争对手，还有一人是敢于批评我们设备问题的客户，如果你还比较谦虚的话，另一人就是敢于直言的下属、真诚批评的同事、严格要求的领导。只要真正地做到礼贤下士，没有什么改正不了的错误。"

任正非很清楚，管理者只有通过不断的学习和自我否定，像蛇蜕皮一样，每蜕一次皮，就获得一次成长。尽管这个蜕皮的过程很痛苦，甚至很危险。

任正非多年来一直对华为团队各级管理人员提出两点最基本的要求：一是要认同华为的核心价值观，二就是要具备自我批判精神。也就是既要坚持原则，也要不断自省，在"否定之否定"中创造性地发展。任正非利用否定，自我批判，不断提升自己和华为，以新形象、新面孔出现。

任正非不仅要求员工、干部经常进行自我批判，而且也身先士卒。他从不否认自己的错误，并且勇于改正自己的错误。

"为什么要强调自我批判？我们倡导自我批判，但不提倡相互批评，因为批评不好把握度，如果批判火药味很浓，就容易造成队伍之间的矛盾。而自己批判自己呢，人们不会自己下猛力，对自己都会手下留情。即使用鸡毛掸子轻轻打一下，也比不打好，多打几年，你就会百炼成钢了。自我批判不光是个人进行自我批判，组织也要对自己进行自我批判。通过自我批判，各级骨干要努力塑造自己，逐步走向职业化，走向国际化。公司认

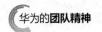

为自我批判是个人进步的好方法，还不能掌握这个武器的员工，希望各级部门不要对他们再提拔了。"

任正非曾经极力支持的内部创业给华为的发展带来了极大的危害。为了挽回损失，任正非采取"亡羊补牢"的措施，通过各种方法使当时出走的很多人又回到了华为。任正非在小灵通上的决策失误给了竞争对手重要的发展机会，经过几年的反思，他也终于认识到了这一点。2003年，华为悄然"杀入"行将没落的小灵通领域，挽救回了一部分损失。任正非指出，华为的自我批判并非仅仅针对个人，还包括华为的各级组织，各个部门、机构，也要不定期地对自身的工作进行反思。1996年，华为市场部集体大辞职，是华为人最集中最著名的一次自我批判。任正非对此评价说："市场营销系统的自我批判，因为身处最前线，最敏感，也最活跃。只有自我批判，迅速地调整、改正一切必须改正的错误，否则早就被逐出市场。集体大辞职，就是他们一次思想上、精神上的自我批判，开创了公司干部职位流动的先河。他们毫无自私自利的伟大英雄行为，必在公司建设史上永放光芒。"

任正非强调，自我批判是促进个人进步的好方法，是思想、品德、素质、技能创新的优良工具，华为一定要推行以自我批判为中心的组织改造和优化活动。自我批判应成为各级员工、各级管理者的习惯性思维与行为。只要勇于自我批判，敢于向自己开炮，不掩盖产品及管理上存在的问题，华为就有希望保持业界的先进地位，就有希望向世界提供服务。

自我批判，自我否定，成为贯穿任正非思想的一条红线。任正非用"否定"创造了"华为特色"，又否定了"华为特色"向国际化接轨，在任正非不断的否定中，华为向世界级企业的目标持续地接近。

如何发挥人的长处

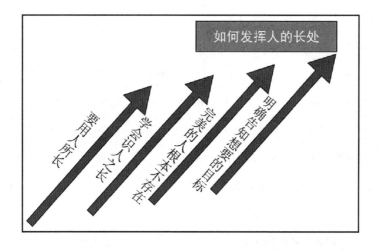

卓有成效是管理者的职责所在，无论他们是负责他人和自己绩效的管理者，还是仅仅对自己绩效负责的专业工作者。如果做不到卓有成效，就谈不上"绩效"，不管你在工作中投入了多少才智和知识，花了多少时间和心血。

——彼得·德鲁克

有效的管理者能使人发挥其长处。他知道只抓住缺点和短处是干不成任何事的，为实现目标，必须用人所长——用其同事之所长、用其上级之所长和用其本身之所长。利用好这些长处可以给你带来真正的机会。充分发挥人的长处，才是组织存在的唯一目的。要知道任何人都必定有很多缺点和短处，而缺点和短处几乎是不可能改变的，但是我们却可以设法使其不发生作用。管理者的任务，就是要充分运用每一个人的长处，共同完成任务。

要用人所长

管理者要运用人的长处，面临的第一关即在于择人。有效的管理者择人任事和升迁，都以一个人能做些什么为基础。所以，他的用人决策，不在于如何克服人的短处，而在于如何发挥人的长处。

美国南北战争时，林肯总统任命格兰特将军为总司令。当时有人告诉他格兰特嗜酒贪杯，难当大任。林肯却说"如果我知道他喜欢什么酒，我倒应该送他几桶，让大家共享。"林肯总统并不是不知道酗酒可能误事，但他更知道在北军诸将领中，只有格兰特能够运筹帷幄，决胜千里。后来的事实，证明了格兰特将军的受命，正是南北战争的转折点。这也说明了林肯的用人政策，是求其能发挥所长，而不求其是个"完人"。

当然，林肯之所以懂得这种用人之道，也是经过了一番周折的。在这以前，他曾先后选用了三四位将领，选用标准都是他们必须无重大缺点。但结果是，虽然北军拥有人力物力的绝对优势，在 1861 年至 1864 年间却没有取得任何进展。反之，南方的李将军手下，从杰克逊起，几乎没有一位将领不是满身都是大小缺点。但李将军并不在意，因为他知道他所用的人，每一位都各有所长。而李将军正是善用他们的长处，使他们充分发挥。所以，在那段时期，林肯麾下每一位"无缺点"的将领，一个一个都被李将军手下拥有"一技之长"的将领击败了。

不管是谁，如果他在任用一个人时只想避免短处，那他所领导的组织最终必然是平平庸庸的。所谓"样样皆通"，实际上可能是一无是处。才干越高的人，其缺点也往往越多。有高峰必有深谷，谁也不可能是十项全能。与人类现有博大的知识、经验、能力的汇集总和相比，任何伟大的天才都不及格。世界上实在并没有真正全能的人，最多只是有在某方面特别有能力的人。

学会识人之长

一位管理者如果仅能见人之短而不能识人之长，因而刻意避其所短，而非着眼于发挥其所长，则这位管理者本身就是一位弱者。他会觉得别人的才干可能构成对他本身的威胁。但是，世界上从来没有发生过下属的才干反而害了主管的事。美国的钢铁工业之父卡内基的墓志铭说得最为透彻："这里躺着的人，知道选用比自己能力更强的人来为他工作。"当然，卡内基先生所用的人之所以能力都比他本人强，是因为卡内基能够看到他们的长处，在工作上运用他们的长处。他们只是在某方面有才干，而适于某项特定的工作。当然卡内基就是他们的卓有成效的管理者。

李将军有一段故事，可以说明使人发挥长处的意义。李将军手下有一将领常不按照命令行事，往往使李将军预定的计划完全改变。李将军屡次忍受了，但终于有一次他忍不住大发雷霆。当他平静下来时，一位幕僚问他："你为什么不将他革职呢？"据说当时李将军不禁一时愕然，无以为答，好一会儿他才说："多么荒唐的问题！把他撤了，谁还能打胜仗？"

完美的人根本不存在

有效的管理者知道他们之所以用人，是用人来做事，而不是用人来投主管之所好。他们知道，一位红得发紫的女明星能有票房，让她发发脾气又有什么关系呢。剧团经理知道，如果女明星常发脾气而有助于票房，也许他之所以受聘为经理，就是为了承受她的脾气。以学校来说，第一流的优秀教师会不会奉承校长，肯不肯在教务会议上安静而不咆哮，那有什么关系呢？校长之所以应聘为校长，就是为了使第一流的教师或学者能够教学有效。所以，即使在其他方面不太愉快，也是值得的。

有效的管理者从来不问"他能跟我合得来吗？"他们问的是"他贡献了什么？"他们从来不问"他不能做什么？"他们问的是"他能做些什么？"所以在用人时，他们用的都是在某一方面有所长的人，而不是在各方面都过得去的人。

识人之所长以及用人之所长，可以说是人的一种本能。所谓的"完美的人"或"成熟的个性"，这些说法其实都忽视了人最特殊的天赋：人本能地会将其一切资源都用于某项活动、某个领域，以期取得某个方面的成就。换言之，是忽视了人的卓越性。因为卓越通常只能表现在某一个方面，最多也只能表现在个别的几个方面。

当然，世上确有多才多艺的人，这就是通常所谓的"全才"。但真正能在多方面都有杰出造诣的人，至今还没有出现。达·芬奇总算多才多艺了，但他最突出的成就只是在绘画上。歌德的诗如果没有流传下来，那我们今天认识的歌德，虽然知道他对光学和哲学有研究，但恐怕不见得能在百科全书上找到他的赫赫大名。几位世人皆知的伟人尚且如此，更何况我们这些凡人。因此，一位管理者如果不能发掘人的长处，并设法使其长处发挥作用，那么他只有受到人之弱点、人之短处、人之缺失的影响，结果是既完不成任务，又缺乏有效性。用人时老是坚持客观上不可能达到的标准，或过多地强调别人的弱点，那纵然算不上是滥用，起码也是误用。

明确告知想要的目标

重视一个人的长处，也就是要对他的工作绩效提出要求。如果管理者不在用人之前先问自己"他能做些什么"，那可以肯定他的下属绝难有贡献，这就等于他已经事先对下属的不称职采取了宽容的态度。这样的管理者成事不足，败事有余。真正"苛求的上司"（实际上懂得用人的上司大部分都是"苛求"的上司），总是先发掘一个人最擅长做些什么，再来"苛求"他做些什么。

过多考虑人的短处，会影响组织实现自己的目标。组织有一种特殊的手段，它既可以使人的长处得到发挥，又可以使人的短处所带来的不利影响减少到最低程度。能力特别强的人既不需要组织，也不想受组织的束缚，他们觉得自己一个人干最好。但我们绝大多数的人，只是具有若干长处，何况我们还有缺点。人际关系专家们有一句俗语"你要雇用一个人的手，就得雇用他整个的人。"同样的道理，一个人不可能只有长处，必然也有短处。

但是我们可以设置一个组织，使人的弱点不致影响其工作和成就。换言之，我们可以把组织设置得有利于充分发挥员工的长处。一位优秀的税务会计师，自行执业时可能因拙于待人而遇到挫折。但是在一个组织中，他可以自设一间办公室，不与其他人直接接触。人的长处可在组织中产生实效，而人的短处可以使其不产生作用。同样的道理，一位小企业家精通财务，但可能因不懂产销而受困。

有效的管理者并不是不知道人有缺点。他了解他自己的任务，在于如何使某人充分发挥其税务会计的才干，而不斤斤计较他不善于与人打交道。因此，他不会贸然指派这个人出任经理的职位。要与人打交道，完全可以找别人，而第一流的税务会计师更是不可多得的人才。所以，这个人能够做什么，才是组织器重他的原因；而他不能做什么，则仅是他的限制，仅此而已。

（本文节选自彼得·德鲁克著作《卓有成效的管理者》）

链接 2

马云的团队领导力

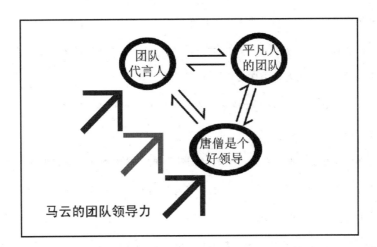

马云的团队领导力

　　马云所持有的阿里巴巴的股份就在 5 个百分点左右，这对于一个集团的创始人而言，所持有的股份竟然如此之少，对于国内绝大多数企业创始人而言都是不可想象的。正是马云把大部分股份分散给绝大多数员工，让这些员工和自己形成一个强大的团队，所以阿里巴巴能够在任何时候，即使在互联网的冬天，依然能够破浪前行！

团队代言人

大家都知道，第一次登上珠峰的两个人是希拉里（Edmund Hillary）和诺盖（Tenzing Norgay），他们在 1953 年完成了这个载入史册的壮举。但是大家可能不知道，他们背后还有一群人默默的奉献，没有这些人，这两个人永远也不可能登上珠峰。当时的领队亨特（John Hunt）建立了一支由登山员、夏尔巴人、搬运行李物资的人和牦牛组成的大军，按部就班地往山上进发，同时往返穿梭向更高的营地运送支持物资。到最后两个人要登顶时，亨特已经亲自把物资供应延伸到了距离顶峰垂直距离只有 610 米的地方。

这个故事告诉我们：一个人的力量是有限的，只有在团队的帮助下才能达到最高峰，无论是高山还是事业的最高峰。

这些年来，马云常常被鲜花、掌声和镁光灯所笼罩。不过马云似乎没有就此陶醉不醒：

"我永远记住自己是谁。是我的团队、我的同事把我变成英雄的。我只不过是把人家的工作成果说说而已。我觉得特难为情的是，很多媒体把我同事所做的努力都加在我头上。我哪有那么能干！我不会写程序，又不懂技术。要说'狂妄'，我从做阿里巴巴开始就一直是这个风格，也不是最近才'狂妄'起来的。"

马云不是那种贪天之功，据为己有的人。他能聚人、容人、留人。马云深知团队正能量的作用，在团队和朋友面前保持着一份难得的清醒：一个人怎么能干，也强不过一帮很能干的人。少林派很成功，不是因为某一个人很厉害，而是因为整个门派很厉害。

马云强调，一定要有一个优秀的团队。光靠一个人单枪匹马不行，边上都是替你打工的也不行，边上这批人也必须为了梦想和你一样疯狂热情，而且这个梦想还必须做出来。

如果有人对马云说，阿里巴巴有今天，是马云你做得非常不错。马云会这样回答："我是我们公司的说客，我是光说不练的人。"

"我自己从来就不承认是什么知识英雄，因为阿里巴巴今天的成就是很多朋友的功劳，不是我一个人的；我只做了5%的工作，朋友们做了许多艰辛和默默无闻的工作，他们把我推上前台，我只是他们的代言人，我只是出来练练。"

一个优秀的团队，优秀的同事是完成一个企业做成功最重要的一个因素之一。

马云表示要永远怀着感激之心对待同事的工作。"我觉得阿里巴巴不是我马云的，不可能让我儿子继承阿里巴巴的事业，阿里巴巴不是我马云，是属于那么多员工、那么多客户，世界互联网、世界电子商务。"

马云说，十多年以来，自己一直在提出不可能的目标，但是大家总是把不可能的做到比"不可能"还"德鲁克不可能"，都做成了。我感谢大家，人家认为马云是吹牛的，但你们都把牛变成了真实，你们要容忍这么一个CEO，他唯一的工作只能讲话了。

平凡人的团队

现代管理学之父彼得·德鲁克引用了贝弗里爵士的一句话："企业的目的是'使普通人做不寻常的事'。"没有一个企业能够依赖天才，天才的出现总是寥若晨星，难以预测。但是，企业应该使得普通员工能超水平地做好工作，应该挖掘企业成员中存在的长处，并利用这一长处，促使所有其他成员做更多更好的工作。

马云曾表示，只用二三流学校的一流人才，马云认为自己也只是一个普通的人。他回忆自己的创业经历时说道："我们阿里巴巴要的是普通人才，以前从来没有人说我是精英，现在人家都说我是精英，现在我也玄乎起来了，我经常觉得第一流的北大清华也不会到我们公司来，人家都到美国去了，第二流的都到 Google、IBM 去了，第三流我也不要。所以我觉得二三流学校的第一流学生我最喜欢，我觉得杭州师范学院的学生最好，我就是那儿毕业的。所以我觉得一个公司在我看来，我喜欢普通的人，我说我们公司的员工都是平凡人，很多平凡的人在一起做不平凡的事，在这么多年公司的运营过程中，特别是阿里巴巴前期我们也搞过精英团队，后来发现，全明星团队，就像一个动物园，什么样的动物都很难管。"

马云不希望用精英团队。因为如果只是精英们在一起肯定做不好事情。"如果你认为你是英雄，你是不平凡的，请你离开我们。我们并不需要人精到我们这儿，要么人，要么精，人精是妖怪，我们不要。"

在阿里巴巴团队文化里，讲得最多的是这句话——"我们是平凡的人，在一起做一件不平凡的事情"。

马云说："我们可以把别人当精英，可以把百度、Google 当精英团队，但我们是平凡的团队，我们要做不平凡的事情——通过新的生意方式创造一个截然不同的世界，让天下没有难做的生意。"

唐僧是个好领导

马云曾指出，许多人认为最好的团队是"刘、关、张、诸葛、赵"团队。关公武功那么高，又那么忠诚。刘备和张飞也有各自的任务，碰到诸葛亮，还有赵子龙，这样的团队是"千年等一回"，很难找。但是他却对此不以为然，他认为中国最好的团队不是"刘、关、张、诸葛、赵"团队，而是唐僧西天取经的团队。

马云认为，唐僧团队是个好团队，而唐僧也是个好领导。"像唐僧这样的领导，什么都不要跟他说，他就是要取经。这样的领导没有什么魅力，也没有什么能力。孙悟空武功高强，品德也不错，但唯一遗憾的是脾气暴躁，单位有这样的人。猪八戒有些狡猾，没有他生活少了很多的情趣。沙和尚更多了，他不讲人、价值观等形而上的东西，'这是我的工作'，半小时干完了活就睡觉去了，这样的人单位里面有很多很多。"

"这四个人，经过九九八十一个磨难，西天取到真经，这种团队我们满天遍野都是。每个人都有自己的个性，关键是领导者，如何让这个团队发挥作用，合在一起这才是真正的领导。"

马云分析道，虽然唐僧这个人不像个领导的样子，但是他很懂得领导这个团队。这个团队到西天取经，这么多天没有解散掉并取得真经，这就说明他是好领导。唐僧其实很懂得什么时候去管制孙悟空——念咒。他知道猪八戒不会出大问题。他也知道沙和尚要时而鼓励一下，这是好领导。马云调侃说道，好领导不是一定像马云一样，能侃、能说、会演讲。

"领导人坚定不移地坚持自己的信念，西天取经。领导者就是不管多大的危难，说我去了，你们可以离开我还是去的，这是领导者。所以我觉得唐僧这个领导，哪个单位都有，你别看他唐僧不太说话，说不过马云，但是唐僧比马云厉害多了，只不过你没看出来而已。"

著名财经作家吴晓波评价："如果说杨致远是互联网领域里第一个世界级的华人企业家，那么马云就可能是下一个。杨致远是商业的天才，他发现了互联网搜索的价值；而马云则是天才的商人，他把一团让人手足无措的乱麻织成了一匹锦绣。"

正如唐僧的信念一样，阿里巴巴的价值观也是支持着这个团队不断前进的力量。用价值观来统一思想，通过统一思想来影响每一个人的行为，最后形成合力。

史玉柱：空降兵的成功几率很小

巨人网络董事长史玉柱用人的一个原则是"坚决不用空降兵，只提拔内部系统培养的人"。他认定的理由是，内部人员毕竟对企业文化的理解和传承更到位，并且执行力相对更有保障。

史玉柱表示："我们不用空降部队，就是说，外面哪个人是 MBA 毕业的，是个海归，这个人有多大本事，然后聘来做总经理，这种事我们不做。不是说他没有本事，我觉得这是中国很多企业的特点造成的。因为现在回过头来看，过去十年之内，至少五年前吧，凡是用这种方式引入的，中国的企业成功几率非常小。"

为什么会失败呢？史玉柱分析道："固然他有可能很有本事，但是有没有本事是相对的。比如一个外科医生，在他的手术室里面，他是个人才，他跑到商店里面，要当促销人员，他可能还不如一个小学毕业的，他就不是一个人才了，他这个人才是相对的。每个企业都有自己的特点，每个企业都有自己独特的文化。在其他的企业里面，他是个人才，那只能说在他那个特定环境下，他是个人才。换了个环境，他就不一定是人才。"

中国企业的"空降兵"有八成都会因为"水土不服"而"阵亡"！"空降兵"不能适应新企业的文化是重要原因，其次，企业新老员工拉帮结派、互相敌视也是加速"空降兵""阵亡"的一大诱因。作为企业，公司对"空降兵"的期望值是很大的，一旦达不到要求，加上下面员工的不合作，会将"空降兵"的缺点放大。

至于另一个不用空降兵的理由，史玉柱说道："企业发展的过程中，你已经积聚一个队伍了，空降兵即使是个人才，但是原来的队伍是不会轻易接纳他的。你老总、董事长再怎么扶他，只要中层干部抵制空降兵，只要每个人的内心里稍微抵制一点，他工作都开展不了。你再有本事，只要大家抵制你，你也没办法。当然，你也不可能引进一个'大海归'，就把所有的过去的人通通都换掉。另外还有一个原因呢，现在外面知名度高的说是人才的里面，实际上有很多也不一定是真人才。因为是真人才的人啊，往往不爱说话。实际上，真正的人才很少说这句话'我很能干'。我看我过去用过的人里面，真正能干的人很少说'我的水平高'。我怎么样，凡是直接就说我的水平很高的人，最后来看，没有一个是人才，因为他都满足了嘛。还有从心理学的角度，就因为他不是人才，所以他心里面不踏实，所以他就不断要通过说自己是人才，来弥补自己心理上的问题，所以我情愿放弃一些机会，我们不走这条路。"

早在2001年复出之时，史玉柱就曾说过，未来的"上海巨人"中，领导层的一半将是"珠海巨人"时期的。可以这样说，我的核心班子一直很稳定，我们是患难与共的战友。

按刘伟的介绍，尽管经历了珠海巨人集团的倒塌，但脑白金分公司的经理有一半都是最初跟随史玉柱起家的人马，这些人在脑白金已工作六七年，而脑白金和征途的多数副总更是早在1992～1994年期间便是珠海巨人集团的员工。

巨人集团关键岗位上用的都是跟史玉柱打拼过来，经历过生死的人，在他看来，内部的员工就像是地底下长出的树根。

刘伟是史玉柱最早的员工之一，历任文秘、人事部长、副总裁等职，现在是巨人网络总裁。

程晨，1995 年从南京国际关系学院毕业加入巨人集团，曾担任史玉柱的行政助理；困难时期她借给史玉柱 10 万美元发工资、还债，是陪同他攀登珠穆朗玛峰的 4 人之一，现为巨人集团副总裁。

汤敏，20 年前，刚大学毕业就被史玉柱派到香港，独立承担巨人集团在香港的业务。现在，是巨人网络媒体关系和行政副总裁。

贾拥军，从最早巨人天津公司的一名普通员工，到之后天津公司的副总、新疆分公司的经理，之后调回珠海总部，陆续出任上海健特公司副总经理、黄金搭档公司副总经理等职。贾拥军一直追随史玉柱，在史玉柱人身安全受到威胁的时候，贾拥军曾挺身而出，全力"护驾"，属于"忠实老臣"。

一个有意思的现象，就是史玉柱高层管理人员中女人比男人要多。他曾这样感叹，女人比男人更忠诚，他也乐得外界形成这样一种印象：怎么手下有那么多美女老总？"我们公司男的多，我们这个行业（网络游戏），男的要占 70% 以上，对外的恰恰是几个女的，所以有这种误解。对内的，你看我们的团队要是全部集合起来，女的外面基本都知道，男的外面基本都不知道。"

2004 年，史玉柱的老将张旅被派往巨人网络公司，并在此后担任 COO 一职。2007 年 9 月，刘伟又被史玉柱从上海健特生物调到了巨人公司并担任总裁。刘伟和张旅等人跟随史玉柱最长的超过 16 年，10 多年前就在巨人电脑担任高管，他们现在成了巨人网络日常运营的支柱。2013 年 4 月，史玉柱公告自己已经辞去 CEO 职务，由刘伟接任 CEO。

华为的**团队精神**

第九章

与团队共命运

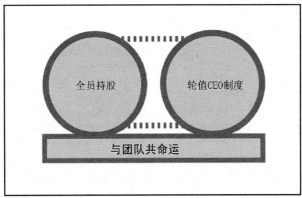

HUAWEI DE
TUANDUI JINGSHEN

第一节　全员持股

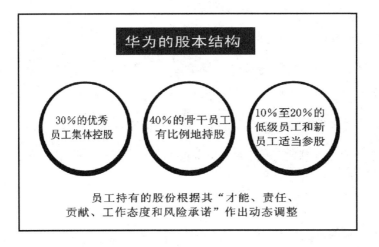

20 世纪 50 年代末 60 年代初，美国就业率下降，劳资关系紧张，为了改善这一不良情况，美国的凯尔索创造性地开出了一付济世药方——员工持股计划，以此来激励员工的积极性，使美国渡过了经济难关。

沃尔玛是世界上最大的零售业企业。究竟是什么使沃尔玛在短短的30 年时间内打败业内的所有巨头，创造了世界零售业史上如此辉煌的奇迹？关键在于其独特的激励战略。

1971 年，沃尔玛实施了一项由全体员工参与的利润分享计划：每个

在沃尔玛工作两年以上的并且每年工作 1000 小时的员工都有资格分享公司当年利润。截至 20 世纪 90 年代，利润分享计划总额已经约有 18 亿美元——这些都是属于沃尔玛公司"合伙人"的利益。此项计划使员工的工作热情空前高涨。

之后不久，沃尔玛创始人沃尔顿又推出了雇员购股计划，让员工通过工资扣除的方式，以低于市值 15% 的价格购买股票。这样 80% 以上的员工或借助利润分享计划，或直接持有公司股票。员工利益与公司利益休戚相关，实现了真正意义上的"合伙"。总之，合伙关系在沃尔玛公司内部处处体现出来，它使沃尔玛凝聚为一个整体，使所有的人都团结起来，为着公司的发展壮大而不断努力。当管理者开始尝试把员工当成"合伙人"时，将有助于公司进一步发挥其巨大潜力，而且员工也会发现，随着公司状况的改善，他们的所得也在增加，这对员工和公司都是有益的。

作为一种捆绑式、利益互享式的薪酬体制，全员持股无疑是对员工长期激励的最好办法，尤其是对企业的中、高层管理者，将起到不可低估的作用。因此全员持股越来越受到企业的推崇，被很多学者形象地喻为"金手铐"薪酬管理。

华为公司几乎从一开始，就实行了全员持股，限于当时的体制环境，属于偷偷进行，直到 1997 年深圳市政府出台了《深圳市国有企业内部员工持股试点暂行规定》之后，才对外公开并随即进行改制。当时，华为决定进行全体职工内部持股计划，其目的也是为了解决资金紧张的问题。

在每个营业年度开始，华为公司有关部门都会按照员工在公司工作的年限、级别、业绩表现、劳动态度等指标确定符合条件的员工可以购买的股权数（新员工工作满一年后才有资格购买），员工可以选择购买、套现或放弃。华为的这种内部股可以用奖金认购，也可从公司无息贷款。

华为内部股的发放配额一般会根据"才能、责任、贡献、工作态度、风险承诺"等因素作动态调整，主要是为了能够充分体现"权利智慧化，知识资本化"的原则。在华为的股本结构中：30% 的优秀员工集体控股，40% 的骨干员工有比例地持股，10% 至 20% 的低级员工和新员工适当参股，而且员工持有的股份根据其"才能、责任、贡献、工作态度和风险承诺"作出动态调整。员工所持股份在员工离开公司时可以随时套现。倘若华为上市，这些股份便可在市场流通。

在 2002 年以前，华为员工年终奖金发的不是现金而统统都是股权。华为的员工就用相当于半年工资的奖金去买公司的股权。当然股权不是白买的，分红也很高，华为历史上最高的一次分红，每个员工都分得了相当于原始股票 70% 的红利。

举个例子来说：按照 70% 的分红率，当一名新员工在华为工作满一年后，公司给他配了 5 万股，到第二年年底，5 万股就变成了 8.5 万股，多出的这 3.5 万股就属于他的赢利。如果第二年他的表现出色，公司又给了他 2 万股奖金，这样年底他就应该得到 10.5 万股。

通过上述介绍不难发现，华为的这种员工内部持股制度不仅开了中国企业内部管理机制的先河，同时，在华为资金匮乏甚至出现经营困境的时候，员工持股极大地调动了华为人不屈不挠的韧劲。因为一方面，拿着公司大量股票的华为老员工为了能够保证自己的股票的利润，一定会安心为公司工作；另一方面，新来的员工为了能够尽可能多地分配到回报率极高的内部股，也会好好努力，华为的员工会产生一股强大的动力，齐心协力为公司的发展而努力。

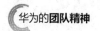

汤圣平在华为做了 4 年人力资源工作，在他看来："今天的社会，太多的有钱企业，太多的有钱企业家，在中国财富百强的企业名单前十位企业中，有的连员工社会保险的钱都不肯交，这说明什么呢？任正非在华为股份不到 5%，他愿意将财富分配给员工。"这体现了一种亲情观，同时这也使员工愿意为任正非、为华为"卖命"。

美国人力资源管理协会中国首席代表冉毅波在接受《中国经营报》采访时说道："全员持股的好处很显然，第一，它可以使员工利益和公司利益捆绑在一块；第二，它对于公司来讲通常可以获得税收上的优惠；第三，这样做往往能够避免一些恶意收购，增加现金流，扩大资本的收益来源。第四，它还是很好的吸引人才的办法。而劣势也是目前争议比较大的问题是，对高管监控不严。此外，假设股票市场波动比较大，或者公司产生亏空，这对于员工的退休会有很大影响。这一点目前在国外是最大的问题。"

全员持股在我国也不乏案件。联想集团在一次股权改革时，将中科院送的 35% 股份又一分为三：其中的 35% 分配给了公司创业时期有特殊贡献的员工，20% 以时间为限分配给了 1984 年以后较早进入公司的员工，45% 根据作出贡献的大小分配给以后有特殊贡献的员工，不但照顾了老同志，兼顾了企业未来的发展，更重要的是，留住了"联想"的高水平人员。

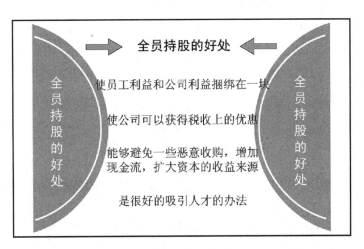

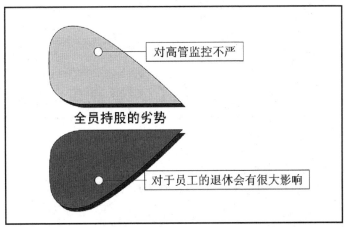

　　事实上，我国晋商也正是因为其人力资源管理中的股权激励制度，才使晋商在我国企业历史上留下了精彩的一笔。慧聪总裁郭凡生在其著作《中国模式》中分析道："晋商的核心竞争力是财股与身股结合，身股为大的制度。这种制度留住了人，又保证了家族企业的有效传承。在晋商中有三类人：

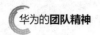

第一，东家。东家是投资人，也施展能力，参与公司的重大决策，有点像现在的董事会。他们通过投资占有的股份称为"财股"，可继承转让，可分红（一般三至四年分一次红）。他们决定掌柜（总经理）的聘用和解职及其他重大事宜，如分红比例数等。

第二，掌柜。掌柜是投入能力的企业领导者，持有"身股"。身股可以享有和财股一样的分红权，但不可以继承转让，人一走茶就凉。但有的企业，身股可以养老。

第三，伙计。伙计是从学徒干起，一般四年满师，满师后可拿年薪。其中优秀者可以持有一定身股，有的被提升为掌柜。掌柜一般都是从学徒期满、为商号工作多年的伙计中提拔。

第二节　轮值 CEO 制度

轮值 CEO 制度

- 能操纵企业不断地快速适应环境的变化
- 他们的决策是集体作出的，也避免了个人过份偏执带来的公司僵化
- 可以规避意外风险带来的公司运作的不确定性

几年来，华为接班人一直备受关注，也有许多争议。此番新的制度，

对它来说，是一种长远的创新还是权宜之计？

"看今天潮起潮涌，公司命运轮替，如何能适应快速变动的社会，华为实在是找不到什么好的办法。"

华为 2011 年财报开篇，任正非在致辞中如此表白，似乎隐含无奈。任正非认为，西方传统的股东资本主义，董事会是资本代表，使命是让资本增值，因此在董事会领导下实行 CEO 负责制，后者由职业经理人担当。华为的做法是授权一群"聪明人"轮值 CEO，在一定边界内，面对多变世界有权做出决策。其他公司或有双位一体模式，即联席 CEO，但轮值 CEO 制可谓华为首创。①

2011 年 12 月，任正非在华为内部的讲话中说道："大约 2004 年，美国顾问公司帮助我们设计公司组织结构时，认为我们还没有中枢机构，不可思议。而且高层只是空任命，也不运作，提出来要建立 EMT(Executive Management Team)，我不愿做 EMT 的主席，就开始了轮值主席制度，由八位领导轮流执政，每人半年，经过两个循环，演变到今年的轮值 CEO 制度。"

任正非表示，也许是这种无意中的轮值制度，平衡了公司各方面的矛盾，使公司得以均衡成长。轮值的好处是，每个轮值者，在一段时间里，担负了公司 CEO 的职责，不仅要处理日常事务，而且要为高层会议准备起草文件，大大地锻炼了他们。同时，他不得不削小他的屁股，否则就达不到别人对他决议的拥护。这样他就将他管辖的部门，带入了全局利益的平衡，公司的山头无意中在这几年削平了。

"华为是一个以技术为中心的企业，除了知识与客户的认同，我们一

① 轮值 CEO 华为接班制度新探索. 第一财经日报，2012.4

无所有。由于技术的多变性，市场的波动性，华为用了一个小团队来行使CEO 职能。相对于要求其个人要日理万机，目光犀利，方向清晰……要更加有力一些，但团结也更加困难一些。华为的董事会明确不以股东利益最大化为目标，也不以其利益相关者（员工、政府、供应商……）利益最大化为原则，而坚持以客户利益为核心的价值观，驱动员工努力奋斗。在此基础上，构筑华为的生存。授权一群'聪明人'作轮值的 CEO，让他们在一定的边界内，有权利面对多变世界做出决策。这就是轮值 CEO 制度。"

其他公司或有双位一体模式，即联席 CEO，但轮值 CEO 制可谓华为首创。

任正非说："过去的传统是授权予一个人，因此公司命运就系在这一个人身上。成也萧何，败也萧何。非常多的历史证明了这是有更大风险的。传统的 CEO 为了不辜负股东的期望，日理万机地为季度、年度经营结果负责，连一个小的缝隙时间都没有。他用什么时间学习充电，用什么时间来研究未来，陷在事务之中，怎么能成功。华为的轮值 CEO 是由一个小团队组成，由于和而不同，能操纵企业不断地快速适应环境的变化；他们的决策是集体作出的，也避免了个人过分偏执带来的公司僵化；同时可以规避意外风险带来的公司运作的不确定性。"

任正非认为，家族继承要依据世代相承的优秀文化，单靠血脉不能成功，中国没有产生罗斯柴尔德、洛克菲勒、肯尼迪家族的土壤，而华为员工持股相当于形成一个异姓非血缘的"家族"，要依靠文化传承。

"他们轮值六个月之后卸任，并非离开核心层，他们仍在决策的核心层，不仅对业务的决策，而且对干部、专家的使用都有很大的力量与权威。轮值 CEO 是一种职责和权利的组织安排，并非是一种使命和责任的轮值。

轮值 CEO 成员在不担任 CEO 期间，并没有卸掉肩上的使命和责任，而是参与集体决策，并为下一轮值做好充电准备。"

轮值期结束后并不退出核心层，就可避免了一朝天子一朝臣，使优秀员工能在不同的轮值 CEO 下，持续在岗工作。一部分优秀的员工使用不当的情况不会发生，因为干部都是轮值期间共同决策使用的，他们不会被随意更换，使公司可以持续稳定发展。同时，受制于资本力量的管制，董事会的约束，又不至于盲目发展，也许是成功之路。"不成功则为后人探了路，我们也无愧无悔。"

华为现任三位轮值 CEO 由三位副董事长胡厚崑、徐直军及郭平担任，轮值 CEO 制度顺利运转的核心，在于任正非的存在及对公司的掌控。华为创始人没有最大股权，后续继承人无法通过资本力量实现权力制衡和集中，也不计划实现家族控制接班，如此，任正非本人的声望和影响力无法继续发挥作用。

轮值 CEO 制度在公司内部也曾引发较大争议。2011 年年报中再发《董事会领导下的 CEO 轮值制度辩》，似在平息争议。任正非表示："我们不要百般地挑剔轮值 CEO 制度，宽容是他们成功的力量。"

"异姓非血缘"能否实现华为组织架构的稳定和持续发展？西方职业经理人制度之所以能经受市场和时间考验，在于董事会成员代表股东行使权力，资本力量成就了董事会相互牵制和基本平衡。同时，法律对这种权力给予保障，董事会为实现资本增值目标，聘请职业经理人担任 CEO 进行公司管理。

任正非强调，作为轮值 CEO，他们不再是只关注内部的建设与运作；同时，也要放眼外部，放眼世界，要自己适应外部环境的运作，趋利避害。

我们伸出头去，看见我们现在是处在一个多变的世界，风暴与骄阳，和煦的春光与万丈深渊并存着。

华为的交接班是文化的交接班，制度的交接班，这些年一直在进行着，从没有停歇过。

樱桃好吃树难栽 大旱来了怎么办

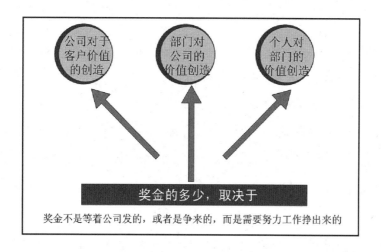

2009 年的奖金沟通开始了。由于华为公司 2009 年整体效益较好，而且强调奖金向绩优团队和绩优个人倾斜，绩优员工的总体奖金水平比去年有明显增长。但是，也有些部门、员工的绩效与 2008 年相比，贡献产出不明显，甚至有 5% 左右绩效后进的员工奖金为零。

奖金增长的员工，主管和员工沟通起来很愉快，员工也信心满满，自然而然憧憬和期望着明年奖金应该比今年更多。奖金没有什么增幅，或者下降的员工，可能就有些抱怨，这种情绪也影响到一些基层主管，不敢去面对员

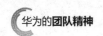

工的心态，根本的原因还是我们的这些基层主管没有引导员工对奖金建立正确的认识。公司是不可能保证每人的收入是逐年增长的，因为没有人保证公司会常胜。

奖金是什么，我们应该以什么样的心态正确对待收入和奖金的波动，应该作为一个严肃的话题认真对待。

首先，奖金是什么？奖金不是固定收入，它是弹性的，必然有升有降。一个员工获得多少奖金，主要取决因素有三：一是公司的经营状况；二是所在部门的业绩；三是员工自己的绩效贡献。一句话，奖金的多少，取决于公司对于客户价值的创造、部门对公司的价值创造、个人对部门的价值创造。奖金不是等着公司发的，或者是争来的，而是需要努力工作挣出来的。而且，固定收入也不是一成不变的，也是易岗易薪的。

我们必须清醒知道，在全球经济动荡的 2009 年，公司为什么能够取得好效益？除了全体员工长期共同奋斗的主观因素，也有一些其他的重要内外客观因素。如：2009 年公司更聚焦于客户，及时、准确、优质、低成本满足了客户的需求；深入进行内部流程精简，也精简了组织结构与人员编制，进一步加强了内部成本管理；严格控制了招聘质量，强调人均效益的提升等等。在外部，我们碰到一些机遇，国内 3G 牌照突然发放，包括贷款利率下调导致财务费用降低、汇率波动控制平稳导致汇兑收益等，一些友商忙于自身调整分散了精力等等。这些内外部的因素综合起来，带给公司与年初预计相差较大的"偶然"。设想一下，如果上述这些利好因素有一些没有发生，2009 年就不会有这么好的收成。

老员工应该还记得，在 2002 年前后，由于 IT 泡沫的破灭，虽然公司全体员工都很努力，但客户的需求在萎缩，公司的经营业绩仍遭遇了相当的困难，大多数员工的奖金都比往年出现下降，而管理者甚至采用自愿降薪的方式，来表明与公司共渡难关的决心。因此，在欢天喜地分奖金的时候，要仔细想一下丰收背后的原因，一定要充分认识到，奖金和工资一样，都是要靠打拼努力，一点点从激烈的市场竞争中挣来，要更清醒地认识到未来如何继续努力奋斗。

其次，应以怎样的心态看待奖金的涨与降？奖金和其他激励资源一样，其分配要体现绩效创造，奖勤罚懒，谁的贡献大，哪个组织的贡献大，奖金分配就应该多，奖金分配要拉开差距，这正是坚持我们以奋斗者为本、鼓励冲锋的人力资源政策的具体体现。即使近年公司总体经营状况较好，如果某些部门或团队的业绩出现下滑，这些部门或团队的奖金包理所当然要下降。员工个人绩效由好变差，其本人所获得的奖金也当然要减少。干好干坏一个样，会破坏了我们按责任和贡献付酬的基本原则，会把组织拖向"福利社会"、"养老院"，高福利就是高成本，我们离死亡就不远了。

只有每个员工的贡献大于成本，企业才有发展的基础。市场风云变幻莫测，并没有任何人能够保证华为能永远活下去，只有我们自己努力奋斗，这是市场竞争的基本规律。期望收入永远上涨，就像期望人生永远一帆风顺，是会摔跟头的。如果你的奖金比上一年少了，你会以什么样的心态去面对？会不会发牢骚、抱怨，甚至不再聚焦工作了？需要每个组织、每个员工问问自己这个问题。要想有蛋糕分，唯有去奋斗创造出蛋糕，只抱怨不行动最终饿死人。我们要相信，华为有一天也会效率不高的。任总说过，"十年来我天天思考的都是失败，对成功视而不见，也没有什么荣誉感、自豪感，而是危机感。也许是这样才存活了十年。"华为总有一天也会死亡的，失败这一天是一定会到来，这是历史规律，那时能够挽救这个公司的只有你。若你那时对奖金下滑不满意，一肚子都是气，你如何把我们这个航船拖离冰山。我们说的这一肚子气的人，更多是今年拿得多，明年拿得少的人，而且也许是全部人在效益不好时，都降低了收入。

第三，对于管理者来说，奖金是管理工具，奖金的目的在于激励员工更好为公司创造价值。在给员工发奖金的时候、皆大欢喜的时候，也不要忘记自己作为一名管理者的责任。一名合格的管理者，绝不是"好好先生"，你好我好大家好，"好好先生"是对先进员工的打击。而是不仅要让员工看到希望，也要合理引导和管理员工的期望，不仅要告诉员工前面的无限风光，也要告诉员工可能碰到的困难和险阻。奖金是公司与奋斗者一起分享公司的经营成果，是对贡献者的回报。奖金不是给管理者用来当"老好人"用的，它和其他管理手段一样，都是为了加强团队战斗力，激发团队的持续奋斗的动力，最终创造高绩效。

当然，"分蛋糕"的事没那么容易做。员工奖金少了，主管不敢跟员工沟通；员工奖金高了，主管会担心万一明年少了，又怎么沟通。作为一名管理者，一定要敢于管理，也要善于管理。不能管理的人，要逐步从干部队伍中淘汰出去。敢于管理是要明确绩效目标和要求，严格要求，带领团队创造价值贡献；善于管理，是要及时发现员工思想困惑，因势利导，综合物质和非物质的激励资源，引导和激发团队以正确的心态来看待收入的波动，把注意力聚焦到如何创造绩效上。管理者要能有效地管理团队，准确地将公司提供的激励措施在正确的时间、正确的场合用在正确的对象身上，才能产生最大的战斗力。不能合理地管理好团队的期望值，不能在团队中树立正确的回报观，只是把矛盾随意推给公司，这是没有管理能力，也是对公司和员工极不负责任的表现，这样的干部应该辞去行政管理职务。

　　当然，我们现在的奖金模式，当期效益权重还太重，战略成绩的评估还不尽科学，有可能导致目光短视，我们要在今明两年的制度中改进。要理解我们今年的改革是要打破平均主义，在有些方面着力还不够，欢迎大家提出善意的方案。

　　由俭入奢易，由奢入俭难。我们不可能永远是丰年，也可能遭遇干旱无雨的季节。大家要保持良好的心态，继续长期坚持艰苦奋斗，通过奋斗创造客户价值，帮助公司持续取得经营成功，进而获得个人好的收入回报。职业化可以提高效率，但不等于职业化以后，就不需要艰苦奋斗。西方公司的纷纷死亡，说明这条道理。他们百年的努力形成了良好的职业化，我们的职业化就是从他们那儿学来的，职业化的名词都是他们发明的。问题是他们成功以后太舒服了，让我们省掉了喝咖啡的时间追了上来，难道以后的小公司也会喝咖啡吗？如果他们也不喝呢？市场经济逼得法人是不敢停止前行的，自然人只能以退休来暂停奋斗。法人是一天也不能惰怠的，惰怠就是死亡，你也将一无所有。

　　樱桃好吃树难栽。今年遇到了好收成，明年大旱来了怎么办？

　　　　　　　　（本文摘编自《华为人》第 223 期 作者：华为人力资源部）

第十章

团队忧患意识培养

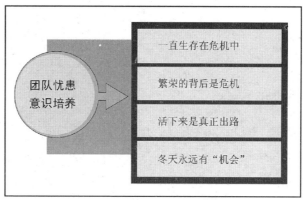

团队忧患意识培养	一直生存在危机中
	繁荣的背后是危机
	活下来是真正出路
	冬天永远有"机会"

HUAWEI DE
TUANDUI JINGSHEN

在华为，"狼性"训练无时无刻不存在。从《华为的冬天》到《华为的红旗究竟能打多久》，无不流露出华为的忧患意识。任正非提醒华为团队，告诉"狼群"食物将要越来越少，"狼性"才能够最大限度地发挥出来，"狼群"才会齐心协力去捕捉更多的机会，猎取更多的猎物。因此，忧患意识是为了唤醒华为团队更大的"狼性"，创造更多的财富。

第一节　一直生存在危机中

都说狼在睡觉的时候是有一只眼睛微张的，这可能源于它们长期生活在危险重重的自然环境中所历练而成，因为一旦睡死，很有可能就会腹背受敌，只有时刻清醒才能够保持足够的警觉。

世界一流的企业家，都有一种根深蒂固的危机意识。海尔集团首席执行官张瑞敏曾在海尔取得令人瞩目的成就，全国上下一片高歌欢呼之际，谈到海尔未来发展之路时说出这样八个字："战战兢兢，如履薄冰。"比尔·盖茨宣布："微软离破产只有 18 个月。"李健熙告诫公司上下："三星离破产永远只有一步之遥。"松下幸之助称其经营为"危机经营。"安迪·葛鲁夫更坚持不二法门："惶者生存。"

日本著名企业家松下幸之助曾经说过："如果一家公司连续 10 年顺利成长，会造成领导和员工的松懈大意或骄傲自满，这时如果忽然面临不景气，就会不知所措。所以，发展顺利的企业应有意识地寻找新的挑战，增

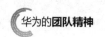

强危机感对企业是有益的。"长久不懈的危机意识是使企业立于不败之地的基础。任正非深以为然。他认为，失败这一天是一定会到来的，大家要准备迎接。即便不能避免这种危机，至少可以最大限度地避免企业受损。因此，华为需要的，不仅仅是决策层、管理层和个别部门具有危机意识，还必须加强对员工危机意识的强化与培养。

由此，我们发现，在每一个成功企业的背后，必定有一位充满忧患意识的领导者。在胜利的欢呼声里他最关心的不是企业获得了多么大的成功，而是殚精竭虑，思考企业离危机到底还有多远，如果企业面临那样的时刻该怎么办？

华为的国际竞争对手思科首席执行官约翰·钱伯斯的忧患意识超乎寻常，"我深知业界竞争的残酷，在高科技领域，如果你不处在技术潮流的巅峰，你的对手就会把你创造的东西砸得粉碎，让你的员工流浪街头。我不想悲剧在我这里发生。"

任正非同样时刻都充满危机感，并希望将这种危机意识传递给华为团队。任正非在其文章《华为的冬天》中写道："公司所有员工是否考虑过，如果有一天，公司销售额下滑、利润下滑甚至破产，我们怎么办？我们公司的太平时间太长了，在和平时期升的官太多了，这也许就是我们的灾难。泰坦尼克号也是在一片欢呼声中出的海。而且我相信，这一天一定会到来。面对这样的未来，我们怎样来处理？我们是不是思考过？我们好多员工盲目自豪，盲目乐观，如果想过的人太少，也许就快来临了。居安思危，不是危言耸听。"

"生于忧患，死于安乐。"任正非深知，一个企业在创业初期，规模、资金、市场份额和知名度都很小时，领导者容易有破釜沉舟的决心与勇气，员工们也会有团结一致的斗志；然而当企业做大之后，领导者往往贪图安逸享乐，员工心态巨变，内部勾心斗角，企业亲和力急剧下降。这也正是许多著名企业最终落败、湮灭的重要原因。

2000 年的时候，华为管理层知道有危机，但感觉跟华为没有特别密切的关系，到 2008 年发生经济危机的时候，华为无比紧张。华为知道世界上的每件事，甚至是地震、水灾都有可能跟自己有关，这是华为走出去带来的必然结果。

企业危机意识建立的基础应该是企业的领导核心，作为企业的领军人物，给自己或企业管理层增加危机感是有必要的。如果企业领导层不树立紧迫的危机意识，企业团队就不会感受到改革的压力。

任正非希望这种强烈的危机感能使华为团队意识到，只有全身心地投入到企业的生产革新中去，企业才能在竞争中永立不败之地，否则今天的模拟倒闭将成为明天无法逃避的事实。作为一个企业要想自己在激烈的市场竞争中取胜，就不能对市场变化熟视无睹，而要时刻胸怀危机感，时刻保持清醒的头脑。只有这样才能斗志旺盛地参与竞争，才能永远驾驭市场，成为"常胜将军"。

任正非表示，"我们所处的行业方向选择太多而且还处在巨大变化之中，我们一直存在生存危机也一直生存在危机中，华为的衰退和倒闭一定会到来，而只有时时警醒我们自己，我们才能进步，才能延迟或避免衰退和倒闭的到来。"

"我们要广泛展开对危机的讨论，讨论华为有什么危机，你的部门有什么危机，你的科室有什么危机，你的流程的哪一点有什么危机。还能改进吗？还能提高人均效益吗？如果讨论清楚了，那我们可能就不死，就延

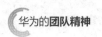

续了我们的生命。"

"目前情况下，我认为我们公司从上到下，还没有真正认识到危机，那么当危机来临的时刻，我们可能是措手不及的。我们是不是已经麻木，是不是头脑里已经没有危机这根弦了，是不是已经没有自我批判能力或者已经很少了。那么，如果四面出现危机时，我们可能是真没有办法了。那我们只能说：'你们别罢工了，我们本来就准备不上班了，快关了机器，还能省点儿电。'如果我们现在不能研究出出现危机时的应对方法和措施来，我们就不可能持续活下去。"

为了达到强化员工危机意识的目的，任正非甚至将这一点作为一项战略纳入企业的发展规划中。在 1998 年出台的《华为公司基本法》中，有这样一条内容："为了使华为成为世界一流的设备供应商，我们将永不进入信息服务业。通过无依赖的市场压力传递，使内部机制永远处于激活状态。"他在其题为《华为的红旗到底能打多久》的演讲中这样解释这一观点：

"我们把自己的目标定位成一个设备供应商，我们绝不进入信息服务业就是要破釜沉舟，把危机和压力意识传递给每一个员工。"

"进入信息服务业有什么坏处呢？自己的网络，卖自己产品时内部就没有压力，对优良服务是企业的生命，的理解也会淡化，有问题也会互相推诿，这样企业是必死无疑了。在国外我们经常碰到参与电信私营化这样的机会，我们均没有参加。当然我们不参加，以后卖设备会比现在还困难得多，这迫使企业必须把产品的性能做到最好，质量最高，成本最低，服务最优，否则就很难销售出去。任何一个环节做得不好，都会受到其他环节的批评，通过这种无依赖的市场压力传递，使我们内部机制永远处于激活状态。这是置之死地而后生，也许会把我们逼成一流的设备供应商。"

即使，电信设备市场的风云变幻出乎华为公司创始人当初的预料——传统的电信设备行业的辉煌期太短了！但其破釜沉舟的态度已为华为赢得了最好的发展时机。如今西门子已经退出了电信市场，北电、摩托罗拉这样曾经很风光的老牌电信设备商已走向没落，华为也不得不打破当初的"永不进入信息服务业"的承诺。尽管电信基础网络还是华为的核心业务，但是华为的业务发展更加注重从"硬"到"软"的层面倾斜——不仅重视电信服务业务，对互联网业务也早有谋划。

通过《华为公司基本法》，任正非将危机意识融入华为的企业文化中，让华为团队无时无刻都能感受到一种山雨欲来的紧张气氛；引导员工不要只看着国内，而要向国际竞争对手看齐，从而达到遏制部分员工和管理人员因公司高速成长而滋生的盲目乐观情绪。

可以说，华为能一路走到今天，并且继续保持高速的增长态势，和任正非具备强烈的企业忧患意识不无关系。

任正非认为，企业有生命，也有成长规律。企业的成长其实是危机产生与消除危机、渐进循环的过程，而所谓的企业发展阶段其实也就是危机阶段性变化的循环。无论多大的公司，无论在哪个阶段，团队管理者都要清醒地认识到生存是唯一的理由。任正非强调，对华为来说，道理也一样。每个团队的管理者都要不断挑战自己，少一些抱怨，多一些努力，与公司一起奋斗着活下去。

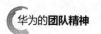

第二节　繁荣的背后是危机

有这样一个寓言：一只青蛙，如果突然被放入沸水中，感受到死亡的威胁，它会奋力跳出。如果青蛙被放入凉水中，在逐渐加温的过程中它会杳无知觉，直到水温高至无法再适应，可那时青蛙已无力跳出水面，只有等待死亡了。其实，做企业也是这个道理，企业的危机一般不会突如其来，都是渐进、隐含、潜伏在企业的内部或外部。人无远虑，必有近忧。如果缺乏未雨绸缪的应变头脑和措施，盲目满足于眼前的安逸，在高度国际化和瞬息万变的市场中，就会如温水中的青蛙，只会"死"得很难看。

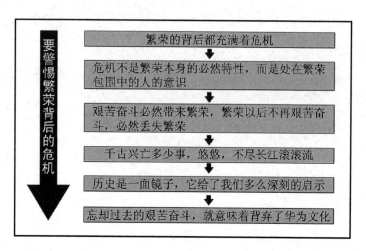

在 2003 年前，低调的华为、低调的华为总裁任正非在外界眼里充满一种神秘感，而由于华为的产品主要面向企业客户，无须像一般制造企业必须通过扩大宣传获得更多民众的关注，所以除了行业人士，其他人对华

为一知半解。再者，任正非始终坚持做企业就要踏踏实实，不张扬，不求功名，并把这种思想灌输给每一个华为的团队成员，从而形成一致缄默对外的低调而神秘的企业形象。

即便如此，华为的大名早在 2000 年左右就已经在中国企业界流传开了，而这缘于任正非的两篇管理名作《华为的冬天》和《北国之春》。在这两篇名作里通篇都在强调的是危机意识，任正非作为一个企业家的爱国情怀，其忧患意识及对企业管理的纵深思考，显示了华为这个企业的成长基于一个一般中国企业所不能企及的思想高度，这种忧患意识也成为华为不断发展壮大的内在动力。而对于当时众多中国企业来说，这些观念无疑具有振聋发聩的意义。

然而，如果让我们向上追溯任正非在《华为的冬天》和《北国之春》中的思想根源就会发现，在更早的时候，即1995年，任正非就已经敏锐地意识到华为即将到来的危机。

1995 年，华为自主研制的 C&CO8 数字程控交换机在经过两年的研发、实验和市场推广之后，终于在中国市场上取得了规模商用。华为的 08 机与巨龙的 04 机一起，成为中国广大农村通信市场的主流设备。华为人为此欢欣鼓舞，对公司的发展前景满怀信心，而任正非则清醒地意识到："由于全世界厂家都寄希望于中国这块当前世界最大、发展最快的市场，而拼死争夺，形成了中、外产品撞车，市场严重过剩，形成巨大危机。大家拼命削价，投入恶性竞争，由于外国厂家有着巨大的经济实力，已占领了大部分中国市场，如果中国厂家仍然维持现在的分散经营，将会困难重重。"

1996 年，华为全年完成销售额 26 亿元，经过八年奋战，华为正式进入企业的顺利发展阶段。而此时，任正非却尖锐地提出，面对成功，华为

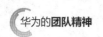

人必须要有一种清醒的认识，否则成功带来的不是企业的繁荣，而是令人措手不及的危机。"繁荣的背后都充满着危机。这个危机不是繁荣本身的必然特性，而是处在繁荣包围中的人的意识"。"现代科学技术的发展越来越复杂，变化越来越快，高科技产业稍有不慎，就会落在后面，出现危机"。"华为已处在一个上升时期，它往往会使我们以为八年的艰苦奋战已经胜利。这是十分可怕的，我们与国内外企业的差距还比较大。只有在思想上继续艰苦奋斗，长期保持进取、不甘落后的态势，才可能不会灭亡"。"繁荣的里面，处处充满危机"。

在一次表彰大会上，任正非向奋战在各条战线、为此做出成绩的华为团队成员，表示了真诚的祝贺，并号召全公司人员以他们为学习的榜样。在这样一个皆大欢喜的庆功会上，任正非仍然不忘提醒沉浸在喜悦中的华为人要警惕繁荣背后的危机："繁荣的背后都充满着危机。这个危机不是繁荣本身的必然特性，而是处在繁荣包围中的人的意识。艰苦奋斗必然带来繁荣，繁荣以后不再艰苦奋斗，必然丢失繁荣。千古兴亡多少事，不尽长江滚滚来。历史是一面镜子，它给了我们多么深刻的启示。忘却过去的艰苦奋斗，就意味着背弃了华为文化。"

那么，任正非希望华为团队如何对待目前的繁荣，预防可能会到来的危机呢？任正非在其题为《再论反骄破满，在思想上艰苦奋斗》的演讲中谈道："世界上我最佩服的勇士是蜘蛛，不管狂风暴雨，不畏任何艰难困苦，不管网破碎多少次，它仍孜孜不倦地用它纤细的丝织补。数千年来没有人去赞美蜘蛛，它们仍然勤奋，不屈不挠，生生不息。我最欣赏的是蜜蜂，由于它给人们蜂蜜，尽管它有时会蜇人，人们仍对它赞不绝口。不管您如何称赞，蜜蜂仍孜孜不倦地酿蜜，天天埋头苦干，并不因为赞美产蜜少一些。胜不骄，败不馁，从它们身上完全反射出来。在荣誉与失败面前，平静得像一潭湖水，这就是华为应具有的心胸与内涵。"

任正非认为，华为的发展道路不可能一直风调雨顺，狂风暴雨是一定会来的。他希望在那个时候每一个华为人都能像蜘蛛一样，不管遭遇多少挫折和打击，都不要放弃，要尽自己最大的努力"补网"，等待危机过去；他要求华为人必须做到，在面对繁荣和赞扬时，要能像勤奋的蜜蜂一样，埋头苦干，不为得失而耿耿于怀。这种"在荣誉与失败面前，平静得像一潭湖水，就是华为应具有的心胸与内涵"的精神后来被纳入了华为的企业文化中。

第三节　活下来是真正出路

华为所处的高新科技的通信行业，其技术更新速度之快、竞争之激烈是其他行业无法比拟的。面对跨国巨头的技术垄断，民营企业发展举步维艰。华为目前虽然没有生存之虞，但危机意识不可缺少。

处于竞争如此激烈的市场中，一个永恒的话题萦绕在任正非心头：企业要一直活下去，不要死掉。只有生存才是最本质最重要的目标，才是永恒不变的自然法则。"我们首先得生存下去，生存下去的必要条件是是否拥有市场。没有市场就没有规模，没有规模就没有低成本。没有低成本、没有高质量，就难以参与竞争，必然衰落。"

"新的一年里，我们还会继续遇到困难，其实越困难时我们越有希望，也有光明的时候。因为我们自己内部的管理比较好，各种规章制度的建立

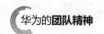

也比较好。发生市场波折时，我们是最可能存活下来的公司，只要我们最有可能存活下来，别人就最有可能从这上面消亡。"

2007 年 9 月，任正非再次警示华为团队："活下去，仍然是我们唯一的目标。有些人认为，华为已经那么大规模了，在很多领域都有了相当的实力，活下去不再是一个问题；还有些人认为，可以暂时歇口气，甚至认为不需要艰苦奋斗了。事实上，过去两年中通信业发生了企业之间的兼并，国内一些明星企业由于不适应'气候'的变化而苦苦挣扎或一夜之间轰然倒下……这些例子警示我们——活下去，仍然是华为唯一的追求，我们不能有片刻的放松。"

任正非将企业生存放在了公司目标的第一位，并将其传递到了华为团队的每一位员工那里，成为全体华为人每天必须面对和思考的命题。任正非强调，对华为公司来讲，长期要研究的是如何活下去，寻找我们活下去的理由和活下去的价值。活下去的基础是不断提高核心竞争力，而提高企业竞争力的必然结果是利润的获得，以及企业的发展壮大。这是一个闭合循环。

"胜利的曙光是什么？胜利的曙光就是活下来，哪怕瘦一点，只要不得肝硬化，不要得癌症，只要我们能活下来，我们就是胜利者。冬天的寒冷，也是社会净化的过程，大家想要躲掉这场社会的净化，是不可能的！因为资源只有经过重新的配置，才可能解决市场过剩的冲突问题。"

任正非之所以将华为活下去看得如此重要，与其自身人生经历有着很大的关系。任正非 1944 年出生，从小就经历了战争与贫困的折磨。任氏兄妹 7 个，加上父母共 9 人，生活全靠父母微薄的工资维持。虽然任正非的父亲身为某所专科学校的校长，但在那个特殊的年代，任家的经济一直十分拮据，当时家里每餐实行严格分饭制，以保证人人都能活下去。他家当时是两三人合用一条被盖，破旧被单下面铺的是稻草。他高中三年的理想只是吃一个白面馒头！可以想见，任正非青少年时代是在何种贫困、饥饿中度过的。生活的艰苦以及心灵承受的磨难，成就少年任正非隐忍与坚定的性格。他感慨："我真正能理解活下去这句话的含义！"

挫折、困苦成就了任正非，对生存权利的无限渴望。为了生存曾经付出的艰辛努力，在任正非的性格基因上深深烙上了悲观情结。"我没有远大的理想，思考的是这两三年要干什么，如何干，才能活下去。"

任正非反复强调"活下去，永远是硬道理"。华为追求的不是显赫一时的名声，而是长久的生存发展。"活下来是多么的不容易，我们对著名跨国公司的能量与水平还没有真正的认识。现在国家还有海关保护，一旦实现贸易自由化、投资自由化，中国还会剩下几个产业？为了能生存下来，我们的研究与试验人员没日没夜地拼命干，拼命地追赶世界潮流。我们的生产队伍，努力进行国际接轨，不惜调换一些功臣，也决不迟疑地坚持进步；机关服务队伍，一听枪声，一见火光，就全力以赴支援前方，并不需要长官指令。"

任正非曾对华为团队说："我同你们在座的人一样，一旦华为破产，我们都一无所有。所有的增值都必须在持续生存中才能产生。"

盲目地相信自己，忽略生存之本，在激烈的商场竞争中也是立不住脚跟的。曾经红极一时的万国证券就是一个鲜活的例子。

万国证券曾经是中国最大的证券公司，创办人管金生拥有法国文学、商业、法律三个硕士学位和金融学博士学位。在鼎盛时期，管金生是多家世界大银行和证券公司 CEO 们的座上宾。但是，好景不长，在 1995 年 2

月的"3·27"国债期货交易中，万国证券一次性亏损20亿元。短短的8分钟，曾经辉煌的证券帝国就瓦解了。此后，在地方财政的鼎力挽救之下，万国证券被并入上海另外一家地方性券商申银之中，这就是今天的申银万国证券公司。

任正非曾经对万国证券有过这样的评价："万国证券公司，是非常艰苦奋斗的，他们艰苦奋斗的那段历史、那种经历应该令世人都震惊的。他们不是一个坏公司垮掉的，而是一个好公司垮掉的。他们是很有业绩，很有成绩的，做得有声有色。但是，由于内外种种压力，他们的总裁违反证券市场的操作法规，突然孤注一掷，抛空国债。本来，判他不违法，他可以赢利40个亿；判他违法，他就亏损20个亿。大家想一想，不要说他们亏损20个亿，就是华为亏损20个亿，我看日子也是很不好过的。他们很难过关，他们就垮掉了。那么，华为公司会不会垮掉呢？比如说我会不会也去孤注一掷呢？完全可能的。"

万国证券的悲剧可以说给任正非打了一针"清醒剂"。1997年3月，任正非给正在起草《华为基本法》的专家组成员送去了《头号证券大王是怎么垮台的》一文，同时进一步确定了《基本法》的中心思想。"我们必须要有一个《基本法》来确立华为公司的层层管理体系，确立层层动力和制约体系，这样，公司的发展才能有序有规则。然而，要实现这个有序有规则不是一天、两天就可以实现的，将是非常漫长、艰难的。但实现了这种有序的动力与制约机制，我们就不会犯万国证券的错误，不管总裁有多大个人威望，不对的事，就会有牵制。"

中国证券市场的极不规范，以及一幕幕悲剧，显然极大地刺激了任正非，他曾经一度坚定地远离证券市场，甚至发誓华为永不进入股市。

在任正非看来，华为之所以能活下来，并发展到现在这样的规模，是因为它有一种以客户为主导、以市场为先导的危机意识。这就是企业和个人的区别："作为一个自然人，受自然规律制约，有其自然生命终结的时间；作为一个法人，虽然不受自然规律的约束，但同样受到社会逻辑的约束。一个人再没本事也可以活60岁，但企业如果没能力，可能连6天也活不下去。如果一个企业的发展能够顺应自然法则和社会法则，其生命可以达到600岁，甚至更长时间。"

那么华为今后将如何得以生存呢？任正非认为："我们是世界上活得较好的公司之一，我们活得好是我们有本事吗？我认为不是，是我们的每一个发展阶段、每一项策略都刚好和世界的潮流合拍了。对未来，我们认为信息经济不可能再回复到狂热的年代。因此，信息产业只能重新走到传统产业的道路上来了，它不会长期是一个新兴产业。信息产业由于技术越来越简单，技术领先产生市场优势不再存在，反过来是客户关系和客户需求。市场部、研发部、公司的各部门都要认识到这一点，大家要团结起来一起为公司的生存而奋斗。"

《史记》中记载了"项羽破釜沉舟"的典故：项羽前锋军救巨鹿，初战失利，项羽便率大军渡过漳河，破釜沉舟以激励士气。终于杀苏角，掳王离，大败秦军于巨鹿之野。

于是，世人便以"破釜沉舟"来表示下定决心，义无反顾。

任正非要求每一个华为人也要做到"破釜沉舟"，只有这样，华为才能因来自竞争的压力而无比专注地不断提升自己，才能在强者如云的国际市场竞争中得以生存，并最终成长为世界级的企业。

通过《华为公司基本法》，任正非将危机意识融入华为的企业文化中，

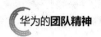
让员工无时无刻都能感受到一种山雨欲来的紧张气氛；引导员工不要只看着国内，而要向国际竞争对手看齐，从而达到遏制部分员工和管理人员因公司高速成长而滋生的盲目乐观情绪。

第四节　冬天永远有"机会"

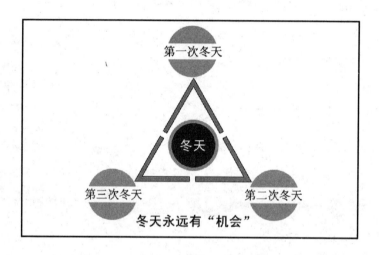

任正非总是在喊冬天来了。这一喊，便是 12 年。在过去的 12 年里，华为的收入从 152 亿元人民币到 350 亿美元，增长迅猛，并一举超越了北电网络、思科、阿尔卡特·朗讯和诺基亚－西门子，成为全球第二大电信设备制造商，仅次于爱立信。别人看到的只是华为的辉煌，而任正非看到的却是华为走过的、即将面临的一个又一个困难。于是，就在大家为华为取得的成绩感到无比骄傲的时候，任正非一次又一次拉响了冬天警报。

2008 年初，在给华为 EMT（核心管理层）及部分产品线高管的一封邮件中，任正非转发了美国《财富》发表的一篇名为《思科准备过冬》的短文，并郑重地对此文写下按语："思科的今天，就是我们的明天。当然我不是在激励人们，而是在警示人们，他们比我们更感知市场竞争的艰难与残酷。思科比我们聪明，他们对未来的困难，早一些采取了措施，而我们比较麻木而已。"

接着，任正非在参加华为公司优秀党员座谈会上，再次提到此文："思科现在开始实行很多政策，如减少员工出差，减少会议，高层领导出差不能坐头等舱，要坐须自己掏钱，等等这一系列的措施。思科尚且如此，华为就能独善其身？"

冬天对于一些优秀的企业永远是一个机会。2009 年 8 月，思科首席执行官约翰·钱伯斯在接受《纽约时报》采访时说道："我从管理大师杰克·韦尔奇身上学到了另外一个经验。那是在 1998 年，那时我们应该是全球最有价值的公司之一，当我向杰克·韦尔奇询问：'需要付出什么才能成为一个伟大的公司？'他说：'需要遇到很大的困难，然后克服。'我迟疑片刻，然后说：'嗯，当然，我们在 1993 年和 1997 年的时候确实经历过困难，那时候赶上了亚洲金融危机。'他说：'不，约翰，我指的是致命的打击。'那时候我对他说的话还不能透彻地领悟。"

"到了 2001 年，我们真的遭遇了致命的打击。我们从一个最有价值的公司沦落为很多人对我们的领导力开始怀疑。挫折过后，到 2003 年，韦尔奇给我打电话说：'约翰，你们现在可以成为一家伟大的公司了。'他是对的，正是那些我们不愿意看到的事情让我们不断壮大。"钱伯斯笑着说，"你绝对不想浪费危机带来的发展良机。""我们每次都能变得更加强大，拥有更多的市场份额，进军更多的相邻市场。"

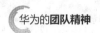

钱伯斯表示，"1993 年、2001 年、2003 年，这几个年份是思科在成长历史中经历过的一些挑战时期。但每一次我们都抓住了机会。在危机之后，我们的市场份额增加了、实力增长了、市值也提高了。"

作为思科最强有力的竞争对手之一。华为同样也是在危机中快速成长。华为总裁任正非总是在喊冬天来了。任正非提醒华为员工说：近几年，我国的经济形势也可能出现下滑，希望华为团队高级干部要有充分的心理准备。也许 2009 年、2010 年还会更加困难。

这已经是任正非在过去 12 年来第三次提及"冬天"了。

第一次冬天

一个正蓬勃发展的企业，突然宣称自己必将走入寒冬，这并非危言耸听，而是他们看到了一个自然的发展规律，没有什么事物可逃脱衰退和死亡。

在 2000 年那篇闻名于业内的《华为的冬天》中，任正非这样阐述"失败一定会到来"的观点："10 年来我天天思考的都是失败，对成功视而不见，也没有什么荣誉感、自豪感，而是危机感。也许是这样才存活了 10 年。我们大家要一起来想，怎样才能活下去。也许只有做到这点我们才能存活得久一些。失败这一天是一定会到来，大家要准备迎接，这是我从不动摇的看法，这是历史规律。"

任正非当然希望给华为公司的太平时间越长越好，但是，四季轮回不可能永远都是春天，冬天是一定会到来的。

不过，在华为内部，《华为的冬天》虽然也引起了一些反响，但是大多数的华为人并没有因此而加强自身的"冬天"意识。

任正非不得不在另外一篇文章《北国之春》里再次强调提出"冬天"的论点。在 2001 年樱花盛开、春光明媚的时节，任正非一行踏上了日本的国土。此前，日本企业界从 20 世纪 90 年代初开始，连续经历了 10 年低增长、零增长、负增长的情况，目前仍然在苦苦坚持中。任正非对近现代工业发展史非常了解，对日本民族善于精工，在产品经济时代大放光芒的历史充满敬意。回国后，任正非充满激情地写下了《北国之春》。

在文中，任正非这样写道：

"谁能想到，这 10 年间日本经受了战后最严寒和最漫长的冬天。正因为现在的所见所闻，是建立在这么长时间的低增长时期的基础上，这使我感受尤深。日本绝大多数企业，近 8 年来没有增加过工资，但社会治安仍然比北欧还好，真是让人赞叹。日本一旦重新起飞，这样的基础一定让它一飞冲天。华为若连续遭遇两个冬天，就不知道华为人是否还会平静，沉着应对，克服困难，期盼春天。"

"日本从 20 世纪 90 年代初起，连续 10 年低增长、零增长、负增长……这个冬天太长了。日本企业是如何渡过的，他们遇到了什么困难，有些什么经验，能给我们什么启示？"

"在松下，我们看到不论是办公室，还是会议室，或是通道的墙上，随处都能看到一幅张贴画，画上是一条即将撞上冰山的巨轮，下面写着：'能挽救这条船的，唯有你。'其危机意识可见一斑。在华为公司，我们的冬天意识是否有那么强烈？是否传递到基层？是否人人行动起来了？"

任正非赴日本考察时，华为已经经历了 10 年的高速发展。那么，华为在年销售额达到 220 亿元、已成为国内首屈一指的电信设备供应商时，算是成功了吗？任正非认为，华为的危机，以及萎缩、破产是一定会到来的。任正非表示：

"现在是春天吧，但冬天已经不远了，我们要在春天与夏天就要想着

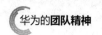

冬天的问题。我们可否抽一些时间，研讨一下如何迎接危机。IT 业的冬天对别的公司来说不一定是冬天，而对华为可能是冬天。华为的冬天可能来得更冷、更冷一些。因为我们还太嫩，我们公司经过 10 年的顺利发展没有经历过挫折，不经过挫折，就不知道如何走向正确道路。磨难是一笔财富，而我们没有经过磨难，这是我们最大的弱点。我们完全没有适应不发展的心理准备与技能准备。"

正如任正非所提醒的，从全球来看，2000 年纳斯达克指数一年下跌56%，第一次互联网泡沫破碎。思科、爱立信、摩托罗拉等电信设备巨头，纷纷告别了持续增长的状态。而包括朗讯和北电在内的巨头，都陷入亏损泥淖。在那次冬天，朗讯裁了将近一半以上的员工，北电裁了三分之二的员工。

以 2000 年 4 月纳斯达克股灾为导火索的全球电信产业的下滑波及了中国市场，在这一年，华为第一次增长停滞。与此同时，由于策略失准而错失小灵通和 CDMA 这两块"冬天"里最大的"奶酪"，则是华为没有延续增长神话的主要内部原因。

华为也利用了经济低迷带来的机会，从 2001 年以后提高了海外业务进攻的姿态。

第二次冬天

任正非曾回忆说："2002 年，公司差点崩溃了。IT 泡沫的破灭，公司内外矛盾的交集，我却无能为力控制这个公司，有半年时间都是噩梦，梦醒时常常哭。真的，不是公司的骨干们，在茫茫黑暗中，点燃自己的心，来照亮前进的路程，现在公司早已没有了。这段时间孙董事长团结员工，增强信心，功不可没。"

2002 年，华为销售额整体虽然下降了 17%，但是当年海外市场却增收了 210%！2000 年～2004 年，华为海外复合增长率为 122%，至 2004年，华为快速地恢复了元气，整体销售额达到 460 亿元，净利润 50 亿元，大于当年 TCL、联想、海尔的利润总和。

第二次冬天

（1）2002年，华为销售额整体虽然下降了17%，但是当年海外市场却增收了210%

（2）2000年～2004年，华为海外复合增长率为122%

（3）2004年，华为快速地恢复了元气，整体销售额达到460亿元，净利润50亿元

在形势一片大好的情况下，2004 年下半年，华为总裁任正非第二次警告冬天来临。虽然这一时期，电信市场已经转暖，但是华为有自己的问题，同港湾的竞争正在关键时刻。更为关键的是，电信巨头已经注意到华为的动作。英国《经济学家》撰文指出：华为这样的中国公司的崛起将是外国跨国公司的灾难。华为与思科的知识产权纠纷就在这一背景下展开。

任正非这次提醒的冬天是指整个行业的冬天。任正非认为，现在的困难是全行业的，核心团队要预见到未来形势的严峻性，要正确认识、掌握和驾驭客观规律。

任正非的真实目的是："如果我们连真实的困难都不知道，就别提战胜困难了。我们需要把困难真实地告诉大家,特别要告诉我们的核心团队,如果我们没有预见未来困难的能力，我们陷入的困境就会更加严重。"

"我们也不是先知先觉的，我们也犯过许多错误，包括泡沫化。但是事实上，我们走过了这十年道路，每一次我们看见、预见的困难，我们解决的措施都刚好和时代的发展同步了，同拍了，所以我们取得了成功了，才会发展到今天。《华为公司基本法》上为什么提出了'三个顺应'？因为我们不能与规律抗衡，我们不能逆潮流而行，只有与潮流同步，才能极大地减少风险。因此，我们过去有能力预测我们的成功和胜利，今天我们有能力预测存在的困难和问题，那么度过这场困难，我们的条件是比别人优越的，是有信心的。"

"当前，整个全球经济在经受 IT 行业的痛苦，我们看清了全球出现一次泡沫化悲剧背后的原因，看清了事物的本质，就能够根据本质的原因调整我们的策略，使我们同步世界的变化，这样我们公司危机就会小一点。"

"冬天也是可爱的，并不是可恨的。我们如果不经过一个冬天，我们的队伍一直飘飘然是非常危险的,华为千万不能骄傲。所以,冬天并不可怕。我们是能够度过去的，今年我们可能利润会下降一点，但不会亏损。与同行业的公司相比，我们的盈利能力是比较强的。我们还要整顿好，迎接未来的发展。"

虽然任正非的语言中充满了危机感。事实上，在 2004 年，华为实现全球销售额 462 亿元人民币，其中国内销售 273 亿元；国际销售额 22.8 亿美金，占总销售额的 41%。2004 年，华为获得了欧洲、香港等 29 家国际、国内银行提供的 3.6 亿美金银团贷款，并于 2004 年底获得国家开发银行提供的 100 亿美元的融资额度。华为通过加强与国际、国内金融机构的合作，为国际市场的拓展提供了更好的融资平台。回首 2004，华为的国际化战略取得了初步的成功。

第三次冬天

别人看到的只是华为的辉煌，而任正非看到的却是华为走过的、即将面临的一个又一个困难。于是，就在华为团队为华为取得的成绩感到无比骄傲的时候，任正非又一次拉响了冬天警报。

2007 年年报显示，华为销售收入已经达到 125.6 亿美元，跻身世界通信设备商的前五强。正是在这样一个时候，任正非第三次提出"过冬"。这倒是与当前的经济环境很搭调，而且，尽管未来经济不景气，可能反而是华为的好日子。"尽管如今经济环境不好，电讯还是要发展的，但经济环境要求人们在价格上有所考虑。或许这段时间的冬天，正是华为的春天了。"著名企业战略专家姜汝祥说："未来 4 ~ 5 年，就是华为提升核心竞争力的时候。在战略、组织、制度层面改善提升，以应对下一轮的经济复苏。"

2008 年 7 月，任正非表示，对经济全球化以及市场竞争的艰难性、残酷性做好充分的心理准备。

任正非认为，华为现在面临的危机是经济全球化所带来的危机。经济全球化是美国推出来的，美国最后看到经济全球化对美国并不有利，所以美国在退向贸易保护主义，但是保也保不住，经济全球化这个火烧起来了，就会越烧越旺。过去的 100 多年，经济的竞争方式是以火车、轮船、电报、传真等手段来进行的，竞争强度是不大的，从而促进了资本主义在前100多年，有序的、很好的发展。而现在，由于光纤与计算机的发展，形成网络经济，形成资源的全球化配置，使交付、服务更加贴近客户，快速而优质的服务；使制造更加贴近低成本；研发更加贴近人才集中的低成本地区……这使竞争的强度大大增强，将会使优势企业越来越强，没优势的企业越来越困难。特别是电子产业将会永远地供过于求，困难的程度，是可以想象的。任正非分析道：

"经济全球化使得竞争越来越残酷了，特别是我们电子行业，竞争极其残酷。我就举个例子来看：电子产品的性能、质量要求越来越高，越来越需要高素质人才，而且是成千上万、数万的需求，这些人必须有高的报酬才合理。但电子产品却越来越便宜。这就成了一个矛盾。如何解决这个矛盾，我们期待某一个经济学家，能获得电子经济诺贝尔奖。我们仅是比其他公司对这个竞争残酷性早了一点点认识，我们才幸免于难。"

任正非认为，这个世界的变化是很大的，唯一不变的是变化。面对这样的变化，每个企业，如果不能奋起，最终就是灭亡，而且灭亡的速度很快。

参考文献

[1] 田涛，吴春波．下一个倒下的会不会是华为［M］．中信出版社，2012.12.

[2] 江乐兴，王菊林．没有谁能独自成功 赢自团队［M］．中国纺织出版社，2006.2.

[3] 崔生祥．员工岗位精神［M］．中国言实出版社，2010.11.

[4] 丁川．敬业就是硬道理：新时代优秀员工必须具备的九种职业素养［M］．中国长安出版社，2008.12.

[5] 辛月．带着兄弟们挣钱 打造最有效率的钢铁团队［M］．九州出版社，2008.6.

[6] 白山．跟动物学抱团 打造优秀团队的 10 大关键［M］．北京工业大学出版社，2011.05.

[7] 肖丹生．读懂华为 传奇任正非［M］．现代出版社，2010.7.

[8] 余胜海．解密华为［M］．中信出版社，2011.9.

[9] 王超．团队革命［M］．海天出版社，2011.4.

[10] 彭小海，李欣．钥匙：打造高效团队秘笈［M］．机械工业出版社，2008.3.

[11] 冯付凯．狼性团队 打造"狼队"：如何让员工成为"一群狼"［M］．东方出版社，2006.12.

[12] 王永德．狼性管理在华为［M］．武汉大学出版社，2010.4.

[13] 徐保平，关丽莹．狼道全集［M］．北方文艺出版社，2007.4.

[14] 影响力中央研究院教材专家组．五行管理：卓越团队管理的 5 把利剑［M］．电子工业出版社，2008.12.

[15] 姚娜．职场文化 狼道 VS 羊道［M］．中国时代经济出版社，2011.3.

[16] 初笑钢．任正非的七种武器［M］．机械工业出版社，2011.5.

[17] 轮值 CEO 华为接班制度新探索［J］．第一财经日报，2012.4.

[18] 华为管理模式优劣剖析［A］．应届毕业生求职网，2012.4.

[19] 王育琨．任正非：华为最基本的使命就是活下去［J］．中国经济周刊，2012.8.

[20] 喻家山人．破解华为成功的密码［A］．网易博客，2009.3.

[21] 华为狼性文化：狼性如何激活创新［A］．中人网，2013.3.

[22] 王伟立，李慧群．华为的管理模式［M］海天出版社，2010.10.

[23] 李正道，许凌志．华为的企业战略［M］海天出版社，2010.10.

[24] 张继辰，文丽颜．华为的人力资源管理［M］．海天出版社，2010.10.

[25] 高晓万，周恒．华为的营销策略［M］海天出版社，2010.10.

[26] 刘文栋．华为的国际化［M］海天出版社，2010.10.

[27] 赵海涛，陈广．华为的企业文化［M］海天出版社，2010.10.

[28] 张婉真．一个国家代表的悲喜与反思［A］．《华为人》第 235 期．

[29] 华为人力资源部．一个系统部部长的七年欧洲之旅［A］．《华为人》第 241 期．

后 记

　　在《华为的团队精神》写作过程中，作者查阅、参考了大量的文献和作品，部分精彩文章未注明来源，希望相关版权拥有者见到本声明后及时与我们联系，我们都将按相关规定支付稿酬。在此，表示深深的歉意与感谢。

　　由于编者水平有限，书中不足之处在所难免，诚请广大读者指正。同时，为了给读者奉献较好的作品，本书在写作过程中的资料搜集、查阅、检索与整理的工作量非常巨大，需要许多人同时协作才得以完成，并得到了许多人的热心支持与帮助，在此感谢谢莉莉、王成富、王家生、卢亚雄、邱星贤、周克发等人，感谢他们的辛勤劳动与精益求精的敬业精神。